송헌 채규칠 자서전

梅一生寒 不賣香

송헌 채규칠 자서전

梅一生寒 不賣香

초판1쇄 인쇄 2015년 5월 19일
초판1쇄 발행 2015년 5월 26일

지은이 채규칠
펴낸이 조인원
펴낸곳 경희대학교 출판문화원

주소 서울시 동대문구 경희대로 26
전화 02-961-0106~8, 팩스 02-962-8840
설립 1960년 9월 16일 제5-8호
등록 1977년 11월 8일 제6-5호
홈페이지 www.khupress.com
전자우편 press@khu.ac.kr

ISBN 978-89-8222-530-7 03990

송헌 채규칠 자서전

梅一生寒 不賣香

채규칠

머리말

이 땅에 태어난 지 구십 해가 눈앞에 이르러, 이제는 지금까지 지나온 날들을 돌아보며 삶을 정리해보고 싶다는 생각이 들었습니다. 그러던 차에 5년 전부터 새 보금자리가 되어준 노블카운티와 경희대학교의 도움으로 자서전을 펴낼 기회가 생겨 기쁜 마음으로 동참하게 되었습니다.

노년에 이르러 집으로 삼은 노블카운티의 새로운 공동생활 속에서 넘치는 사랑과 섬김, 다양한 배움을 경험하며 이제는 새로운 각오로서 탐욕貪欲을 버리고 보람과 성취成就가 있고, 가치價値 있는 여생을 보내야겠다고 생각했습니다.

그래서 지난 2011년에는 보잘것없는 노필老筆 작품이지만 제가 살아온 발자취이기에 그동안 갈고닦아온 서예품들과 평소 아끼던 물품들을 모아 서품전을 열어 도록圖錄과 《명심보감明心寶鑑》을 나누며 친지 분들과의 친교의 시간을 갖기도 하였습니다.

그리고 이제는 다시 한 번 경희대학교 여러 분들의 도움을 받아 지금까지 살아온 나의 이야기를 후대에게 남길까 합니다. 먹고사는 데에 급급한 세대였기에 제대로 배우지도 못하고 살아온 인생이지만, 후대들에게 인생의 진정한 행복이 무엇인지를 알려주고 싶은 마음에 용기를 냈습니다.

지난 일들과 품었던 생각들이 그렇게 마음처럼 쉽게 꺼내어지지 않는 나이가 되었음을 실감하게 됩니다. 완성하고 보니 누구에게 내보이기 어려운 보잘것없는 글입니다. 그럼에도 어렵고 험난한 시대의 고비 고비를 넘으며 나름대로 열심히 살아온 발자취이기에 자손들에게 남기고 싶고, 또한 내 이야기가 후대들에게 조금이나마 교훈이 될까 하는 마음에 자그마한 자서전을 펼쳐 보입니다. 부디 해량海諒하시고 많은 편달鞭撻 있기를 바랍니다.

더불어 함께하신 많은 분들께 이 자리를 빌려 감사의 말씀을 올립니다.

먼저 험난險難한 세상 힘겨운 세월歲月을 살아왔지만 하나님의 풍성豐盛한 은혜恩惠와 주위 분들의 따뜻한 보살핌에 힘입어 미수米壽가 되도록 대과大過 없이 살아오게 되었음을 진심으로 감사드립니다.

그리고 이 자서전을 펴낼 수 있게 해주신 경희대학교 이승한 부총장님과 손영하 생활관장님, 그리고 노블카운티 정기완 대표이사님과 김진권 실장님, 이상운 과장님께 감사드립니다. 몸소 찾아와 자서전 원고 수정작업 및 여러모로 애써주신 한송이 교수님과 여러 날 동안 노블카운티를 수시로 드나들며 제 이야기를 들어준 정현영, 채종욱, 최민주, 윤시온 네 명의 학생들에게도 진심으로 고마운 마음을 전합니다.

제가 구십 평생을 살아오면서 만난 많은 분들, 평소에 저를 아끼고 사랑해주신 많은 친지들, 그리고 가족들에게 무한한 감사와 앞날의 축복을 빕니다.

2015년 5월 어느 날

노블카운티에서 송헌松軒 채규칠

차례

제3장 중년 시절

제4장 노년 시절

제5장 나의 가족

제6장 후대의 여러분에게

경천애인

116×33cm 화선지에 먹

하늘을 공경(恭敬)하고
사람을 사랑하라.

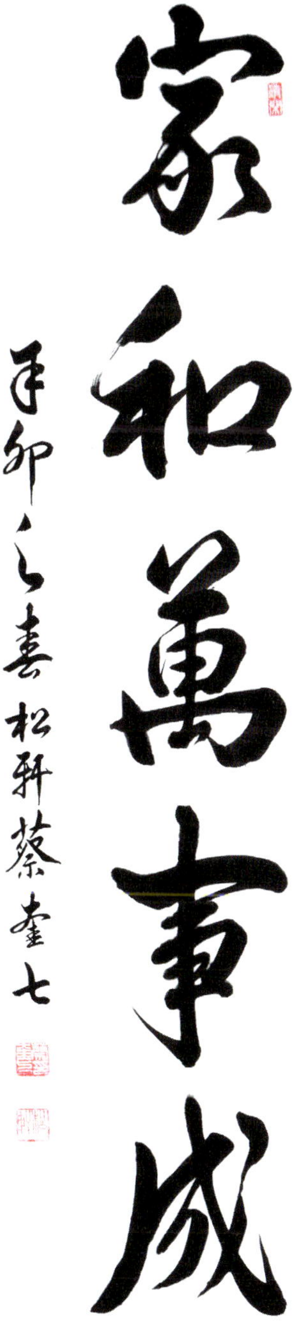

가화만사성

129.5×33cm 화선지에 먹

집안이 화목(和睦)하면
모든 일이 잘된다.

교자충효

115×32cm 화선지에 먹

가르치는 자가
충성하고 효도한다.

소문만복래

117×33cm 화선지에 먹

집안에 웃음이 많으면
만복이 들어온다.

당상학발천년수
슬하자손만세영

129.5×33cm 화선지에 먹

댁의 부모님 오래오래 사시고
슬하의 자손들 만세에
영화를 누리세요.

송수천년불로장춘

127×29.2cm 화선지에 먹

장수하고 늙지 않고
젊음이 오래가길
기원합니다.

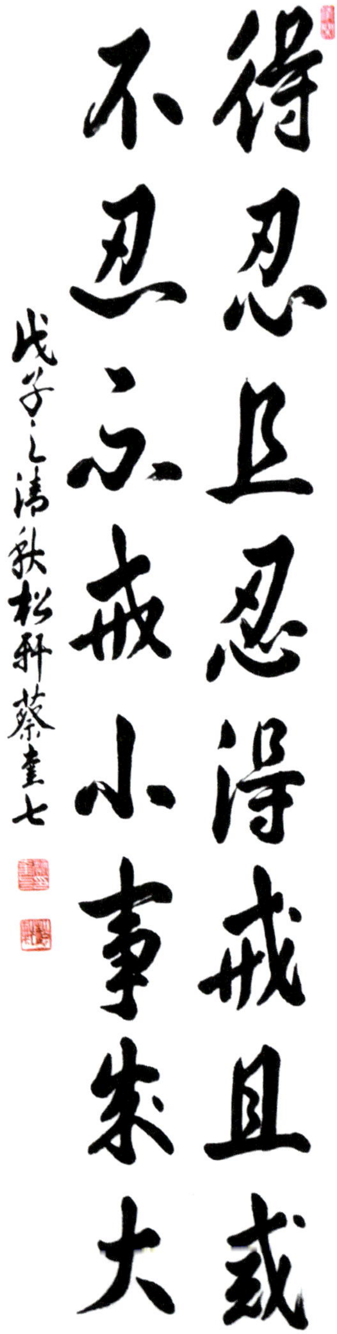

득인차인득계차계
불인불계소사성대

134×32.5cm 화선지에 먹

참고 참아라,
소심하고 또 조심하라.
참지 않고 경계하지 않으면
작은 일이 크게 된다.

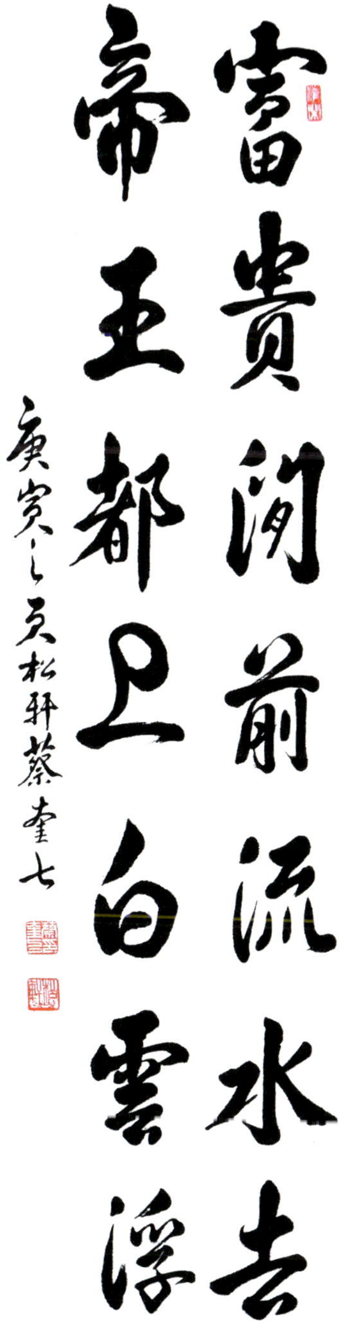

부귀문전유수거
재왕노상백운부

126.5×33.5cm 화선지에 먹

문 앞에 부귀도
흐르는 물과 같이 가고
도상에 제왕(벼슬)도
흰 구름과 같이 사라진다.

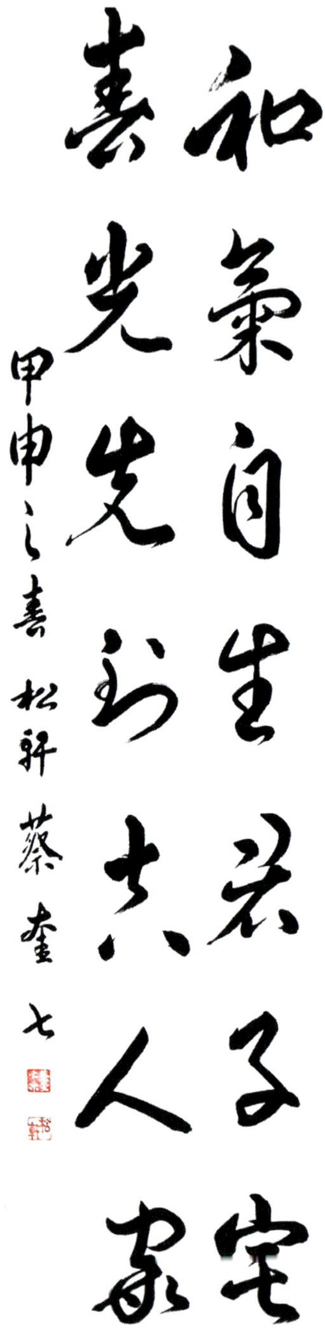

화기자생군자택
춘광선도길인가

131.5×33cm 화선지에 먹

온화한 기운이 스스로
생기니 군자의 집이요,
따사로운 봄볕이 먼저
이르니 길인의 집이로다.

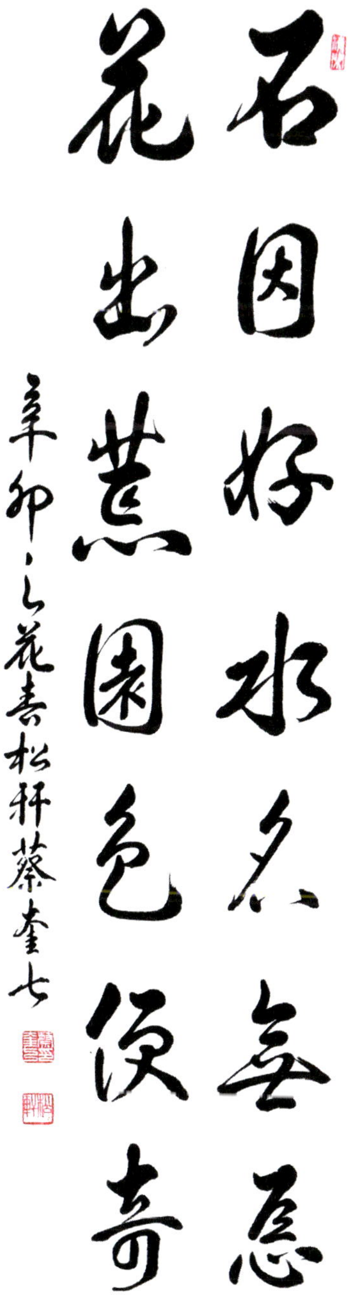

석인호수명무악
화출망원색경기

127.5×33cm 화선지에 먹

돌은 좋은 물로 인하여
이름이 흉함이 없고
꽃은 거친 동산에 났어도
기이하게 아름답다.

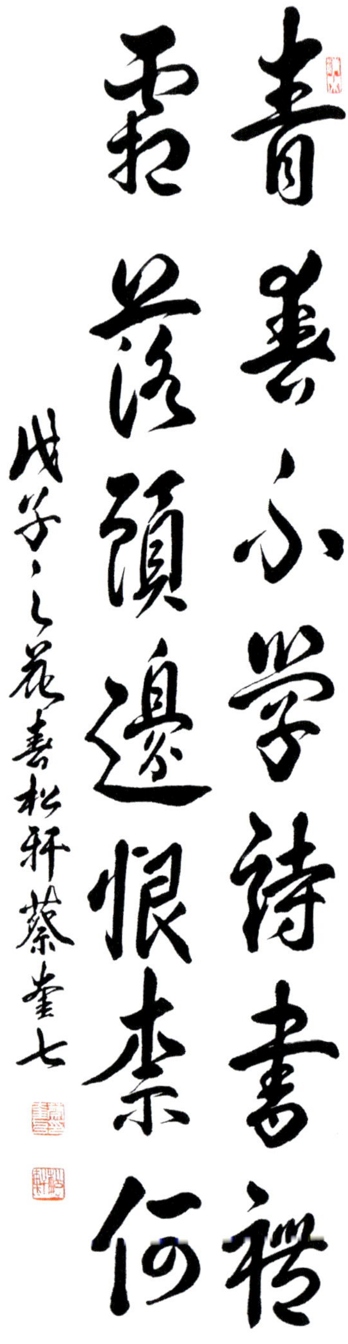

청춘불학시서례
상락두변한내하

126×33cm 화선지에 먹

젊어서 시와 글과 예를
배우지 아니하면
머리가 희도록 늙어지면
한을 어찌하리오.

인산세상백행중
일등근본효사친

128.5×33cm 화선지에 먹

사람 사는 세상의 모든 것 중에 어버이 섬기는 것이 제일이다.

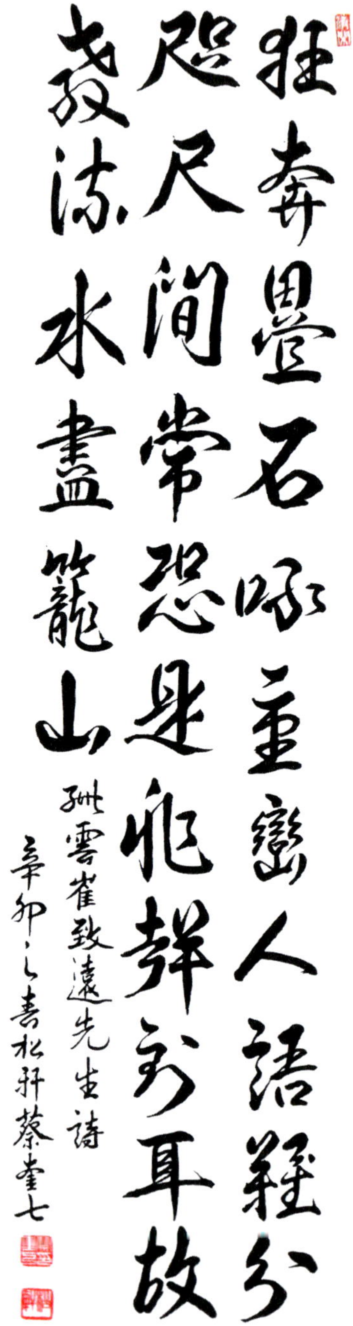

광분첩석후중만
인어난분지척간
상공시비성도이
고교류수진롱산

133.5×33cm 화선지에 먹

첩첩한 산을 호령하며 미친
듯이 쏟아지는 물소리에
사람의 소리는 지척
사이에도 분간하기 어렵네
시비하는 소리 귀에 들릴까
두려워 흐르는 물소리로
산을 모두 귀먹게 했구나.

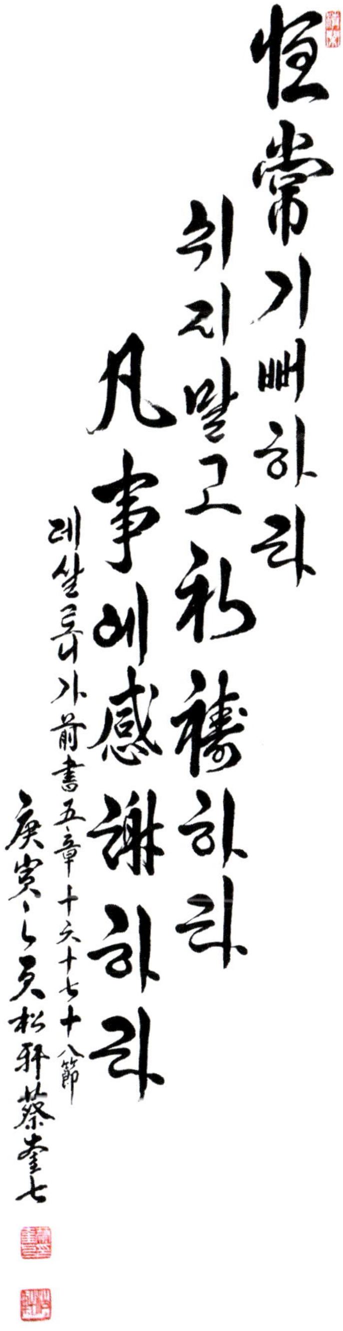

데살로니가 전서
5장 16-19절 말씀

122×33cm 화선지에 먹

장생불로신선부
예천동수도인가

129.5×33cm 화선지에 먹
(예서체)

장생불로하니 신선이
마을이요,
오래 살 수 있으니
도인의 집이로다.

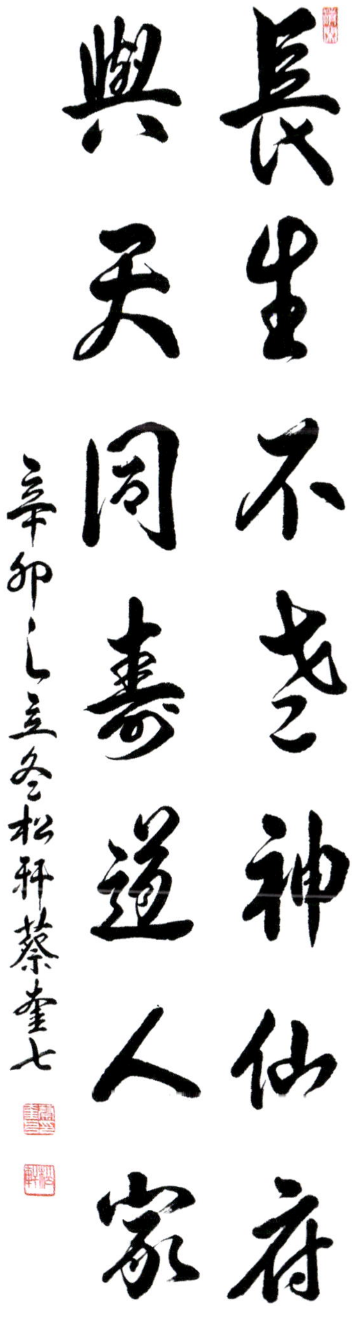

장생불로신선부
예천동수도인가

129.5×33cm 화선지에 먹
(초서)

장생불로하니 신선의
마을이요,
오래 살 수 있으니
도인의 집이로다.

서기만당

33 x 130cm 화선지에 먹

상서로운 기운이 집에
가득 차소서.

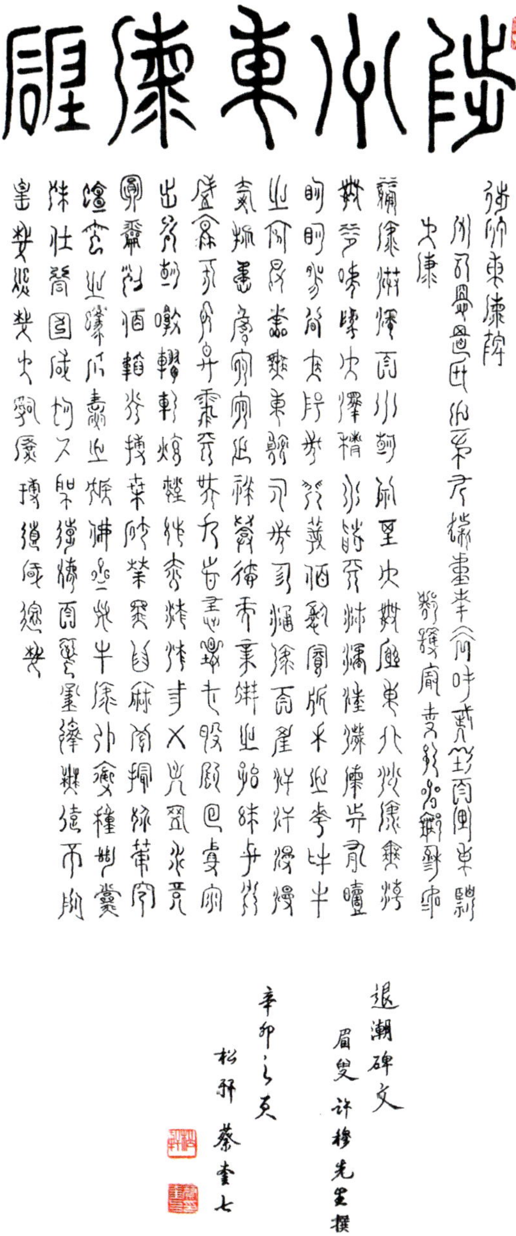

퇴조비문 허목 선생의 글(동해송)

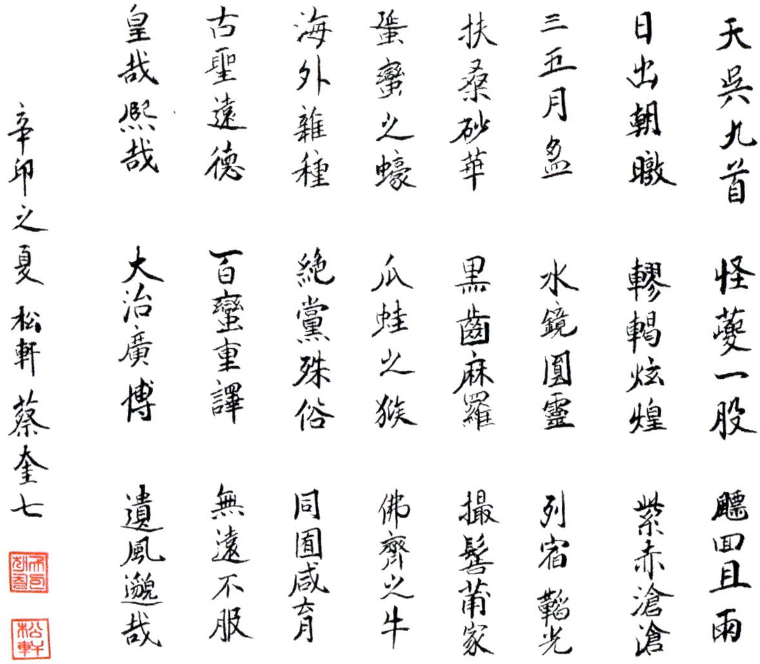

퇴조비문 허목 선생의 동해송

35×72.5cm 화선지에 먹(예서체, 정자)

退潮碑文 眉叟 許穆先生 撰

瀛海漭瀁 百川朝宗 其大無窮

東北沙海 無潮無汐 號爲大澤

積水稽天 浡潏汪濊 海動有曀

明明暘谷 太陽之門 羲伯司賓

析木之次 牝牛之宮 日本無東

鮫人之珍 涵海百産 汗汗漫漫

奇物譎詭 宛宛之祥 興德而章

蚌之胎珠 與月盛衰 旁氣昇霏

人間世上百行中
一等根本孝事親

辛卯之夏 松軒 蔡奎七

인간세상백행중
일등근본효사친

제1장

유년 시절

조선 땅에 태어나다

헤아려보면 벌써 구십 해가 가까운 시간이 흘렀다. 십 년이면 강산이 변한다고 하는데, 강산이 무려 아홉 번이나 변할 만큼의 긴 시간이 지났으니 내가 참으로 오랜 세월을 살았다는 생각이 든다.

그 시간 동안 우리나라에는 많은 일들이 있었다. 지금 젊은이들이 교과서를 통해 배운 일제강점기, 8·15 광복, 6·25 전쟁, 새마을운동 등 대한민국 일백 년 역사의 굵직굵직한 현장을 직접 목도하며 겪어왔다는 것이 어찌 보면 영광이지만, 한편으론 그 모든 것을 감당해야 했던 세대로서 마음 한구석이 헛헛하기도 하다.

근래 들어 텔레비전이나 영화에서 그 시대를 회고하는

많은 이야기들이 나오고 있다고는 하나, 그것들이 어찌 내가 직접 겪은 것만 할까. 아무리 그 시절 얘기를 듣고, 재현된 영상을 본다 한들 지금의 젊은 세대들이 당시의 궁핍함과 어려움을 과연 얼마나 이해할 수 있을지 의문이다.

그럼에도 불구하고 나 역시 말하고 싶다. 뭔가 거창한 시대였다고 말할 재주는 없다지만, 나름대로 성실하게 살아온 나의 삶을 잠시 빌려 후손들에게나마 알리고 싶었다. 그리고 현재 대한민국에서 살고있는 그네들의 삶이 우리에 비하면 얼마나 축복된 삶인지를 느끼며 더욱 감사에 감사를 더하는 인생들이 되는 데 조금이나마 도움이 되었으면 할 뿐이다.

조선. 그때는 대한민국이 아닌 조선이라 불리던 때였다. 일본이 우리나라를 강제로 점령한 한창 암울했던 일제강점기였다. 나라 이름이 있어도 그 이름을 꺼낼 수 없고, 우리말이 있어도 함부로 사용할 수 없던 시절이었다. 너나없이 어려웠으니 가난이 당연하다고 여겼던 때였으며, 우리와 다른 삶의 모습과 방식을 지닌 일본 사람들이 우리 땅에 들어와 우리 것을 마구 빼앗고 희희낙락 즐기며 사는 것을 그저 지켜볼 수밖에 없던 때였다.

그렇게 그때는 빼앗겼으나 빼앗기지 않으려 애쓰던 시대였다. 모두가 어렵고 힘들었으나 그 안에서도 조선 선비의 정신은 남아있기도 했다. 그래서 반상의 도리가 지켜지기도 했고, 엄격한 유교정신이 삶의 도덕으로 자리 잡아 우리네 삶을 유지할 수 있었다.

전국 방방곡곡에 일제의 수탈이 가해지던 1920년대 말, 한반도 중심부에서 다소 이남에 자리 잡은 충청남도 당진은 그럼에도 살기 좋은 곳이었다. 이는 가난과 고통의 세월에 비껴난 살기 좋은 곳이라는 말이 아니다. 여기라 하여 일제의 만행이 손을 뻗치지 않았겠냐마는 찬바람 가운데에도 꽃은 피듯이 그 어려운 시간에도 사람이 살아가는 소소한 행복들이 가득한 곳이었다는 말이다.

당시 일제의 수탈은 극에 치닫고 있었다. 각 마을에 침략하여 군수물자로 쓸 만한 물건들을 가져가는 것은 물론이요, 예로부터 산수가 수려한 우리나라의 강산을 마음껏 훼손하며 짓밟기를 서슴지 않았다. 산을 풍성히 채우고 있던 나무들은 다 잘려나가고, 조선의 정기를 끊겠다는 이유로 각 봉우리마다 철심을 박기도 했다. 그만큼 흉악하고 무서운 게 일제였다.

1970년대 초 가족사진

일제에 의해 우리나라가 한창 고난을 당하던 1928년 음력 7월 17일, 나는 충남 당진군 면천면 대치리 135번지에서 부친 채창묵蔡昌默과 모친 곽제월郭諸月 사이에서 평강채씨 가문의 팔남매 중 장남으로 태어났다.

청풍명월淸風明月. 맑은 바람과 밝은 달이라는 뜻의 이 말은 예로부터 경치가 수려하고 살기가 좋은 곳을 이르는 말이다. 내가 태어나고 자란 충청남도 당진은 바로 이 말이 딱 들어맞는 곳이었다. 특히 우리 마을 대치리는 이름 그대로 큰 고개라는 뜻을 지닐 만큼 주변에 산이 워낙 많이 자리 잡고 있어 그 경치가 참으로 장관이었다. 지금도 대한민국에서 살기 좋은 곳이라 하면 당진을 꼽고 싶을 만큼 나의 생애를 오롯이 품고 있는 고향은 참으로 자랑스러운 고향이다.

아버지가 건네신 배 한 개

일제의 침략으로 나라를 잃었다고는 하나 조선은 선비의 나라요, 반상의 이치가 당연시되던 곳이었다. 우리 집안은 예로부터 엄격한 유교정신을 받들어왔기에 물질적으로는 풍요롭지 못했을지언정 양반의 예절과 품위를 지키기에 여념이 없던 것으로 기억한다. 특히 아버지께서는 집안의 가장이라면 가족에 대한 애틋함과 책임감을 다해야 한다는 것을 몸소 보여주셨다.

가풍에 따라 아버지 역시 그 어려운 시절에도 가족을 먹이려는 일념하에 강한 생활력으로 버티셨다. 지금 중국이나 동남아 사람들이 우리나라에서 돈을 벌어 본국에 부치는 것처럼 당시 조선 사람들은 일본에서 일을 하면 훨씬

일제강점기 시절, 면천 보통학교 교정

많은 삯을 벌 수가 있었기에 그 어려운 길을 마다하지 않았다.

한편으로는 본인 가꾸기에 여념이 없으시기도 했다. 아버지는 훤칠한 키에 꽤 미남이셨다. 그런 분이 한 번씩 외출하실 때마다 빳빳하게 풀을 먹인 하얀 모시 두루마기를 멋지게 차려입으시곤 했다. 동네 아낙네들은 물론 면내의 많은 처자들이 연모한다는 소문이 있을 만큼 아버지는 멋쟁이였던 데다 성격 또한 활달하셔서 여기저기 어울리는 곳도 많으셨다.

밖에서는 호인이었던 아버지는 집안에서는 한없이 엄격하셨다. 그래서인지 어려서부터 나는 아버지의 그림자를 밟는 것조차 어려워할 만큼 아버지와 데면데면했다. 지금의 내 아들들이 손자들을 친근히 대하는 것을 볼 때면 그때 내가 아버지께 느끼지 못한 모습들이기에 부러움이 있기도 하나 내 아버지의 모습이 전형적인 한국 양반가의 아버지 모습이었기에 어쩔 수 없는 거겠거니 할 뿐이었다.

아버지와 거리감을 느끼던 나였지만 아버지의 사랑을 느낀 잊지 못할 한순간이 있다.

내가 국민학교(지금의 초등학교)에 다닐 때 학교에서는 학생들에게 검도를 가르쳤다. 그리고 어느 날, 학교에서 학부형들을 비롯한 많은 관람객들을 초청하여 검도대회를 열었다. 나도 대표 중 한 명으로 뽑혀 대회에 출전하게 되었다. 나는 몸이 마르고 체격이 왜소한 편이었다. 운이 좋았는지 나보다 훨씬 덩치가 큰 친구들을 하나둘 이기기 시작하면서 결국 대회에 나온 모든 학생을 이기고 최우수상을 받게 되었다. 아마 내가 제친 선수가 열일곱 명 정도 되었던 것 같다.

학교 검도대회는 마을 잔치나 다름없는 큰 행사였기 때문에 우리 아버지도 오셔서 참관하셨다. 내가 검도하는 모습을 지켜보시면서 무척 대견하셨던 모양인지, 경기를 마친 후 나를 향해 인자하게 웃어주셨다. 난생 처음 보는 아버지의 모습이었다. 그리고 언제 사오셨는지 큼지막한 배 한 개를 내미셨다. 그 배가 얼마나 달고 시원하고 맛있던지 구십 가까이 살아온 지금까지도 그 맛을 잊을 수가 없다. 내 평생 그 배보다 더 달고 맛있는 과일을 먹어본 적이 없을 정도다.

내게 그리 엄격하시던 아버지는 내가 감히 뒤를 따르기조차 버거웠던 아버지였다. 함께 길을 걸어도 손을 잡아주기는커녕 저만치 앞서 걸어가시던 아버지가 오직 나만을 위해 내게 건네주신 그 커다란 배 한 알의 맛을 어찌 잊을 수 있을까. 배를 먹으면서 어린 마음에도 어렴풋이 느낄 수 있었다. 겉으로 표현하진 않으실지언정 나를 많이 사랑하신다는 것을 말이다.

돌이켜보면, 그런 아버지의 모습이 언뜻언뜻 내게도 있음을 느낀다. 살갑게 자식들을 세세히 챙기기보다는 뒤에서 묵묵히 믿어주고 뒷바라지해주는 아버지, 그러나 세상 누구보다도 자식들을 사랑하는 마음 가득한 아버지의 모습 말이다. 겉으로 드러나지 않는다고 해서 사랑하지 않는다고 누가 감히 말할 수 있을까.

그렇게 배 한 알로 증명된 아버지의 마음, 그 사랑은 내 평생의 소중한 추억으로 남아있다.

그리고 그때 검도대회 이후 나는 몽둥이 하나만 가져도 누구라도 다 해치울 수 있다는 자신감을 갖게 되었다. 그리고 자신감에 걸맞은 검도 실력도 갖추게 되어, 칼 가진 사람이 전혀 두렵지 않았다. 비록 몸집은 작았지만 정신력과 당당함, 그리고 자신감만큼은 누구에게도 뒤지지 않았던 것 같다. 한번 결심하면 끝을 보려는 나의 추진력과 의지, 그리고 날랜 성격은 아마도 어렸을 때의 검도 덕분이 아닐까 생각한다.

그립고도 그리운 어머니

엄격하신 아버지와는 달리 어머니는 전형적인 양갓집 규수의 표본이었다. 자그마한 키에 또렷한 이목구비를 지닌 당시로서는 꽤 미인상에 천생 여자인 분이었다. 앙다문 입술에 머금은 강직함은 지금의 나와 인상이 많이 닮았다는 생각도 든다.

면장을 지낸 부잣집 규수였던 어머니는 평강 채씨 가문을 찾아 아버지에게 시집을 오시게 되었다고 한다. 아직 반상의 이치가 남아있었기에 양반은 양반끼리 혼례를 하던 시절이었고, 그래서 지체 높은 양반가인 우리 집안으로 시집을 오신 것이다.

어머니는 그 당시 귀했던 가죽신을 신고 시집을 오실 정도로 잘사는 집의 셋째 딸로 곱게 자랐다고 한다. 그러다가, 이름 있는 양반가라고는 하나 친정에 비하면 사는 것이 훨씬 녹록지 않은 집안으로 시집을 오셨으니 갑자기 달라진 환경에 얼마나 지내기가 힘들었을까 싶다.

어릴 적부터 나는 아버지보다는 어머니를 무척 따르며 살갑게 지냈다. 아무래도 어머니와 지내는 시간이 더 많았기 때문이기도 했지만 조용하면서도 온유한 성격에 윤리와 도덕의 근본을 몸소 실천하시며 자식들에게 철저히 가르치시는 모습이 어린 마음에도 위대해 보였기 때문이다. 아직까지도 '어머니'라는 세 글자 앞에서는 가슴이 뭉클해진다.

누님께 전해 들은 바로는 어머니는 나를 낳기 전에 매우 반짝거리는 유기그릇을 품 안에 가득 품는 태몽을 꾸셨다고 한다. 그래서 배 속의 나를 귀하게 여기며 훗날 큰 그릇으로 쓰이기를 소망하면서 내가 태어나기를 기다리셨단다.

언젠가 어머니가 직접 내가 배 속에 있을 때 태교를 어떻게 하셨는지 들려주신 적이 있다. 어머니는 앉는 자세도 늘 바르게 하시고, 김치도 반듯한 것만 골라 드셨으며, 항

어머니 초상 (© 윤시온)

상 밝은 마음으로 몸과 마음을 정갈하게 하셨다고 했다. 그만큼 내가 귀한 아들이라는 것을 인식시켜 주셨다. 그때는 잘 몰랐지만 어머니는 일찍이 태교의 중요성을 아시고 아들을 잘 키우시려 정성을 쏟으셨던 것이다. 어머니의 말씀 하나하나를 되새기고 있노라면 그 귀했던 어머니의 사랑, 고마움과 감사, 따뜻한 어머니의 마음을 느끼게 된다.

기골이 장대하셨던 아버지와는 달리, 몸이 많이 약했던 어머니는 집안의 모든 일을 감당하기에 무리가 있었다. 그래서 길쌈과 방아 찧는 일 등 집안일을 거의 못 하셨다. 시집오시기 전까지 궂은일, 험한 일이라고는 전혀 해본 적이 없으니 더 힘드셨을 것이다. 집안일을 제대로 하지 못하는 것에 대한 미안함 때문이었는지, 어머니는 아버지를 위하여 직접 작은어머니, 즉 후처를 얻어 드렸다. 지금 생각하면 어떻게 그런 결정을 하실 수 있었을까 하는 생각도 들지만 그만큼 어머니는 당신 자신보다는 남편을, 그리고 가족을 생각한 특별한 분이었던 것 같다.

그렇게 집안 살림을 작은어머니께 맡긴 채, 어머니와 나는 외갓집에서 살게 되었다. 아마도 작은어머니를 위한 어머니의 배려였으리라. 훗날 작은어머니로 호칭이 바뀌기는 했으나 엄연히 첩이었고, 당시만 해도 첩을 들이는 것이 더러 있는 일이긴 했으나 본처와 첩 사이의 관계가 좋은 경우는 별로 없었다. 사려가 깊던 어머니는 혹여 생길지 모를 분란을 미연에 방지하고, 아버지가 곤란하지 않도록 자진하여 외가로 옮기신 게 아닌가 짐작한다.

외가에서는 어머니와 나를 반기지 않았다. 당연한 일이었다. 시집가서 잘 살기를 바랐던 딸이 직접 후처까지 들이고 친정에 돌아와 지내게 되었으니 외조부모의 심정이 오죽했으랴.

게다가 외가에는 나의 외사촌, 즉 외조부모의 친손자들이 함께 기거하고 있었다. 지금이야 자식을 많이 낳지 않다 보니 친손자고 외손자고 구별할 것 없이 하나같이 귀한 자식들이지만 그때는 달랐다. 외조부모께서는 외손자였던 나를 친손자들과 크게 차별해서 대하셨다. 어머니와 함께 외가에서 지냈던 때가 대여섯 살의 어린 나이였음에도 불구하고, 아직도 그때 나를 대하던 외할머니의 눈빛이 선하고 서러움이 내 가슴에 남아있을 정도이다. 아마 어머니도 자식이 할아버지 할머니로부터 사랑을 받지 못하는 것을 바라보며 많이 괴로우셨을 것이다.

그래서였을까. 어머니는 외가에서 지내시는 동안 내게 예절 교육을 더욱 엄격히 시키셨다. 어른들이 수저를 드시기 전에는 절대 수저를 들지 못하게 하셨고 행여나 밥상 위에 고깃국이나 조기 등 귀하고 맛있는 반찬이 올라온다고 해도 어른들이 드시기 전에는 절대 먹지 못하게 하셨다. 행여 내가 어린 마음에 버릇없이 외조부모의 차별에 대한 불만을 드러내지는 않을까 염려되어 그러셨는지도 모르겠다. 어머니의 엄격한 예절 교육은 어린 내가 견디기에 쉽지는 않았다. 오로지 어머니만을 의지하고 따르던 나였기에, 말씀 하나하나를 거역하지 않고 다 지키곤 했다.

아버지와 집안을 위한 어머니의 결단과 희생에도 불구하고, 작은어머니는 오래 버티시지 못했다. 아버지와 갈등을 견디지 못하시고 아들만 둘 낳아놓고 집을 나가셨다. 졸지에 어머니를 잃은 이복동생들은 다른 사람들 눈에는 그저 서자, 즉 첩의 자식일 뿐이었다. 반상의 풍습이 남아있던 때인지라, 정실의 자식과 후실의 자식의 구분은 엄격했다. 양반은 절대 서자들과 상을 겸하지 않는다고 할 정도로 말이다.

그러나 어머니는 따뜻한 품성으로 동생들을 끌어안았고 조금의 차별도 없이 지극정성으로 키우셨다. 무엇을 하든 나와 똑같이 대우하셨고, 혹은 오히려 내가 어린 마음에 서운하게 느낄 만큼 동생들에게 넘치게 잘해주셨다.

때로는 친아들인 나보다 동생들을 위해주는 어머니가 야속한 나머지 동생들을 미워하기도 했다. 그러나 돌아가시는 날까지 동생들에게 잘해주시는 어머니를 보고 나도 이날까지 동생들과 정답게 지내고 있다.

어머니를 항상 존경하며 애정으로 따랐던 나이지만, 돌이켜보면 어머니가 살아계시는 동안 해드린 것이라고는 고작 발을 지압해드린 것밖에 없는 것 같다. 몸이 약하셨던 어머니는 자주 소화가 안 되어 체기로 고생하셨고, 그때마다 나는 어머니의 발바닥을 밀어드리며 지압해드리곤 했다. 그것이 내가 한 효도의 전부이다. 그래서 아쉽기도 하고 죄송하기도 하고 서운하기도 하고 가슴이 아프기도 하다. 어머니를 생각하면 참으로 여러 감정이 교차한다.

어머니의 부음을 전해 들은 것은 내 나이 열일곱, 육군 조병창 양성소에 있을 때였다. 임종을 지키지 못한 불효도 그렇거니와 어머니와의 애틋한 정을 나누지 못한 상태에서 부음을 듣게 된 나는 허둥지둥 집으로 달려와 온 마을이 떠나가도록 목 놓아 울었다. 너무도 갑작스럽고 이른 어머니와의 사별을 인정할 수가 없었다. 어머니와 함께한 시간이 너무나 짧게만 느껴졌기 때문이다.

일제 치하였던 당시의 법은 사람이 죽으면 마을 공동묘지에 묻어야 했다. 그러나 어머니를 공동묘지에 모시기 싫었던 나는 어머니의 유해를 밤중 몰래 선산에 고이 모셔놓고 낮에 공동묘지에서 가짜 장례를 치렀다.

오십이라는 너무 이른 나이에 생을 마치신 어머니를 생각만 하면 지금도 슬픈 마음이 올라온다. 내 인생에서 가장 애통하고 슬펐던 순간을 꼽으라면 바로 어머니가 돌아가셨을 때이다. 어머니에게 제대로 해드린 것이 없었기 때문이다. 그 시절 우리는 너무 가난했고 어머니와 함께한 시간도 너무 짧았던 탓이라고 스스로 변명을 해보지만 그래도 늘 죄송하고 많이 후회가 된다.

얼마 전 나는 어머니의 기일을 맞이하여 어머니를 향한 그리움과 감사의 마음을 짧게나마 글로 표현해보았다.

삼가 어머님 영전에 올립니다.

훌륭하고 현명하셨던 우리 어머니,
이 세상에 어머님이 계시다는 것만으로도 든든한 우리 가슴에 크나큰 어머니 은혜와 사랑을 묻어둔 채 인생을 반도 못 사시고 유명을 달리하신 어머님 영전에 엎드려 그동안 불효한 통탄을 안고 어머니의 명복을 빕니다.
돌이켜보면 어머님은 그 어려웠던 시절 오십 평생 동안 호강 한 번 제대로 못 하시고 당신은 돌보시지 않으신 채 오로지 우리 사남매에 이복동생 형제 합하여 육남매를 키우시는 데 이 세상 어느 누구보다 모범이셨습니다.

역사에서 빛나는 어머님의 명철함과 지혜로 만사를 형통하게 처리하시는 현명함을 누가 따를 수 있겠습니까.
철없던 어린 시절에는 저희들 가르침에 엄격하셨던 어머님께 불평불만도 하였지만, 이제 겨우 그 모든 것이 어머니의 참사랑이었음을 깨닫게 됩니다. 감히 흉내도 낼 수 없었던 하늘보다 더 높은 어머님의 사랑을 이제야 조금씩 깨닫고 있음은 참으로 망극한 일입니다.
어머님의 엄한 가르침으로 자기 직분에 충실한 생활인으로 어머님이 소망하신 행복한 가정을 이루고 있습니다.
사랑하는 아버지 어머니, 저의 불효와 섭섭하고 부족했던 것들을 용서하시고 이 세상에서 못다 하신 행복을 천국에서 누리소서.
불초 불효자 불효했던 한을 안고 머지않아 하늘나라로 갈 것 같습니다.
영면하옵소서.

신묘년 음력 5월 19일 어머님 제삿날

눈물이 앞을 가리며 씀

배다른 한 형제의 장남으로

어머니처럼 애틋한 마음은 아닐지라도, 아버지는 말없이 든든하게 자식을 믿어준 분이셨다. 그 시절 고생하지 않은 사람이 없겠지만 내 아버지는 고생을 많이 하며 어렵게 사시다가 돌아가셨다. 특히 몸 고생보다 마음고생을 참 많이 하셨다.

나에게는 낳아주신 어머니 외에 두 분의 어머니가 더 있다. 어머니가 지혜롭게 일을 처리하셨다고는 하지만, 세 명의 부인을 갖게 되는 과정 속에서 아버지가 겪은 여러 갈등과 어려운 일들은 헤아릴 수 없이 많았을 것이다. 더욱이 이복동생들이 태어나 자라는 동안 유난히 말썽을 부렸고 부모 속을 많이 썩이는 바람에 집안은 늘 시끄러웠다.

그래서인지 아버지는 늘 술을 가까이하셨다. 장날이면 장에 갔다 오시는 길에 이 주막 저 주막에 들러 술을 드시곤 했다. 덕분에 누님들과 나는 셋 혹은 둘이서 아버지가 계신 주막을 찾아가 건장한 풍채의 아버지의 양팔을 한쪽씩 나누어 메고 모셔오는 일이 잦았다.

엄밀히 말하자면 아버지는 선비도 아니고 농부도 아니었다. 그래서 집안일은 종(일꾼)에게 맡기신 채 의복을 깨끗이 잘 차려입고 늘 밖으로 나도는 일들이 많았다. 아버지는 약초를 재배하여 팔기도 했는데 그 당시 일본에 건너가 돈을 벌어 온 후 땅을 사서 살림을 불리셨다. 어려운 시절이었으나 그렇듯 수완이 좋은 분이셨던 덕분에 그래도 나를 비롯하여 동생들이 장가들어 살 집을 마련할 만큼의 재산을 물려줄 수 있었을 것이다.

앞서 밝혔듯이, 어릴 적 나는 아버지가 말씀하시면 무슨 일이든 무조건 순종하는 아이였다. 어머니로부터 늘 어른들 말씀에는 순종하라고 배우기도 했지만, 기골이 장대한 아버지의 한마디는 어린 나에게 늘 무섭게 다가왔기 때문이었다. 그래서 아버지 말씀을 거역하거나 다른 대꾸를 하지 못하게 만들었던 것이다.

당신 자신은 집안일을 등한시하셨던 것과 달리, 아버지는 어릴 적부터 내게 집안일 처리하는 법을 가르치셨다. 그래서 나는 순종하는 마음으로 아무리 어렵고 힘이 들어도 가뭄에 물을 대라면 묵묵히 논에 물을 대주었고, 한여름에 담배를 따라고 하면 뜨거운 담배 밭에 들어가 숨이 막히는 더위를 무릅쓰고 땀을 뻘뻘 흘리며 그 일을 다 하고는 했다.

셋째 어머니가 들어오셨을 때는 두 분이 거하실 집을 직접 지어드리기도 했다. 집 지을 재목을 얻기 위해 산에서 직접 나무를 베고, 무거운 짐질과 직접 흙을 개는 토역을 하며 집을 짓느라 무척 고생을 하였다.

그렇게 애쓰는 나를 보면서도 아버지는 힘들지 않느냐거나 수고한다거나 하는 말은 일체 하지 않으셨다. 칭찬의 말은커녕 웃는 얼굴조차 내게 보이신 적이 없었다. 그 정도로 냉정한 분이었다. 그런 아버지의 모습을 보고 자랐기 때문에, 나 역시 자식들한테 다정한 말에 인색했는지도 모른다.

아버지와 길을 나설 때면 난 늘 뒤를 따라가기조차 버거웠다. 어린 내가 따라오든 말든 아버지는 늘 혼자 앞서 가셨다. 그리고 험한 시골길 언덕이나 개울을 건널 때는 내 뒷덜미를 옷과 함께 움켜쥐시고 번쩍 들어 올려 건너게 하셨다. 아버지로서는 나름 나를 생각해서 그리해주신 것일 텐데, 그때는 아버지가 참으로 무자비하다고 생각했다. 그렇게 나는 아버지로부터 조금도 따뜻함을 느끼지 못한 채 성장했다. 그리고 그것이 지금까지도 아쉬움으로 남는다.

생각해보면 우리 아버지도 어릴 때부터 평생 고생이 많으셨다. 그 옛날, 집안은 돌보지 않고 양반 행세만 하셨던 선비 할아버지 밑에서 가난한 어린 시절을 보냈다고 한다. 그리고 부모로부터 물려받은 것 없이 살림을 일구느라 애쓰셨던 것이다. 그렇게 고생만 하시다가 67세라는 짧은 여생을 마치셨다.

아버지는 돌아가시기 몇 년 전부터 신장염을 앓으셨는데, 아내와 나는 아버지를 우리 집에 모시고 병을 고쳐드리기 위해 다방면으로 노력을 하며 애를 썼던 기억이 난다.

자식에게 살가운 아버지는 아니었지만, 난 그렇게 아버지 생전에 거역 한번 안 하고 장자로서 여러 동생들을 모두 돌보며 최선을 다했다. 아마 우리 아버지도 그런 나를 바라보며 많이 든든해 하셨을 것이라고 생각한다. 그리고 곁으로 표현은 하지 않으셨지만 마음속으로는 나에게 고맙다고, 수고했다고, 든든한 아들이라고 칭찬하셨을 거라고 믿고 있다.

또 다른 어머니들

몸이 약한 어머니가 아버지를 위해 직접 들이신 작은어머니는 뭇사람들이 생각하는 '첩'하고는 거리가 있었다. 첩이라면 으레 예쁜 미모로 정실의 자리를 넘보며 희희낙락해야 하는 자리라고 생각하겠지만, 우리 집의 사정은 그것과는 사뭇 달랐다. 어머니 대신 가사를 돌볼 수 있는 사람을 들인 것이기 때문에 집안의 궂은일을 도맡아 해야 하는 자리였던 것이다.

엄격한 양반집의 가사를 돌보는 자리는 자유로운 품성을 지녔던 작은어머니가 견디기에 그리 맞지 않았던 것 같다. 우리 집에 기거하던 몇 년 동안 낳은 아들을 버린 채 얼마 버티지 못하고 집을 나가 버렸으니 말이다. 작은어머니는 어느 정도 자란 첫째는 집에 두고 갓난쟁이였던 둘째만 데리고 나가셨는데, 사정이 궁핍했는지 거의 죽을 지경까지 이른 아이를 어머니가 데려다 정성껏 돌봐 살려내셨다.

그렇게 한바탕 회오리가 지나가고 다시 어머니가 집안일을 맡으셨으나, 원체 몸이 약하신 탓에 일찍 돌아가시고 말았다. 그래서 아버지는 세 번째 부인을 들이셨다. 삼십이 넘어서 시집을 오신 새어머니는 당시 나와의 나이 차이가 많지 않았던 것으로 기억한다.

처음 새어머니를 봤을 때 나는 너무 원망스러웠다. 우리 어머니 살림살이를 왜 딴 사람이 와서 맡아 하는 건지 아주 마땅찮았다. 어머니와 매우 친밀했던 나였기에 어머니와의 사별을 인정할 수가 없었고, 그것을 감당하기가 너무나 어려웠다. 그런 탓에 한동안 새어머니가 무조건 싫고 야속했다.

그러나 얼마의 시간이 지난 후, 비로소 아버지를 도와주며 아버지와 함께하시는 고마운 분이라는 것을 느끼게 되면서 새어머니에 대한 마음이 바뀌었다. 그 뒤로는 어머니로 인정하며 잘 섬기게 되었고, 주변 사람들에게도 칭찬을 받았다. 새어머니도 나이 차이가 별로 나지 않는 큰아들인

작은어머니(왼쪽부터 허정순 여사, 작은어머니, 계수)

나를 어려워하며 존중해주셨다.

시집오신 초반, 나의 무조건적인 배척에 새어머니가 얼마나 괴로우셨을지를 생각하면 아직까지도 죄송스러운 마음뿐이다. 6·25 전쟁이 온 나라를 휩쓸고 간 어려운 상황 속에서도 우리 집에 오시기 전까지는 간호사로 일했을 정도로 배울 만큼 배운 분이셨고, 덕이 있고 훌륭한 성품을 지니셨는데 왜 조금 더 일찍 마음으로부터 받아들이고 잘 모시지 못했을까.

결국 뒤늦게나마 진정한 마음으로 어머니로 깍듯이 모셨고 동생들을 돌보며 형으로서, 자식으로서의 책임을 다하려고 노력했다. 언젠가 내 아들 문석에게 아버지는 왜 삼촌이 해달라면 해주시면서 자기가 원하는 건 안 해주시느냐는 불평을 들은 적도 있다. 그만큼 나는 내 아들들과 차별 없이 셋째 어머니 소생의 동생들을 잘 돌보고 사랑했다고 자신한다.

乘風破浪

승풍파랑

제 2 장

청년 시절

늘 허기졌던 일본 생활

아픔과 슬픔의 사건들로 가득 찬 한국사의 격동기의 한가운데에 나의 젊은 시절이 있었다. 이를테면 나는 격동의 한국사를 몸으로 체험한 살아있는 역사인 셈이다.

모두의 살림살이가 힘겨웠던 일제강점기 시절이었다. 사람들은 아무것도 없는 터전에서 새로운 것을 일구어내야 했다. 칡뿌리를 캐서 먹거나 목화 열매를 따서 먹기도 할 만큼 생활이 어려웠다. 우리 집은 동네에서 중류층 이상으로는 살았는데도 그 정도였다. 상류층이나 되어야 쌀밥에 하루 세끼를 먹었을 뿐, 보통 사람들은 언감생심 꿈도 못 꾸는 일이었다. 그래서 삼시 세끼를 먹을 수만 있다면 무슨 일이든 닥치는 대로 하곤 했다.

육군 조병창 시절

생활고 탓에 나는 중학교에 진학하지 못했고, 해방되기 직전인 열일곱이 되던 해 육군 조병창 양성소에 입학하였다. 그곳은 3년 과정의 군속학교였다.

입학 후 일 년이 지나 열여덟이 되던 해, 일본 나고야에 있는 미스부시라는 항공기 회사로 파견 근무를 가게 되었다. 양성소에서와 마찬가지로 학과 공부를 할 수 있을 거라는 예상과 달리, 주로 공장에서 비행기 부품 만드는 일을 하게 되었다. 알고 보니 비행기 만드는 기술을 습득시켜 조선에서도 비행기를 만들려고 우리를 보낸 것이었다.

딱히 월급 같은 것도 없었다. 그럼에도 불구하고 끼니를 제대로 챙겨주는 것만으로도 감사한 때였기에 일본까지 건너갔던 거였다. 사실 일본에서 생활할 때 필요한 물품은 거기에서 다 제공해주었기 때문에 만약 돈이 있어도 딱히 쓸 일은 없었을 것이다. 그리고 집안의 맏아들로서 어려서부터 집안을 대표해 궂은일을 도맡아 해야 했던 나였기에 양성소에 들어가거나 일본에 일하러 가는 것 등을 당연하게 받아들였던 것 같다. 일본에서의 삶이 한국에서보다 더 사선을 넘나들 정도로 어려웠는데도 말이다.

그런데 그때 지급받지 못했던 품삯을 최근 들어 받고 있다. 사람들이 기억할지 모르겠으나 예전에 높은 자리에 있던 어떤 분이 일제강점기에 고생했던 군인과 위안부에게 전달해야 하는 돈을 일본으로부터 받았는데, 그 돈을 나눠주지 않고 고속도로를 내는 등 나라 살림살이에 쓴 적이 있다. 그런데 이제 살 만해지니까 그 사람들한테 뭔가 줘야겠다는 생각이 들었는지 1년에 80만 원 정도를 주도록 하는 정책이 세워졌다. 나도 그 지급 대상자에 포함되어 정부로부터 돈을 받고 있는 것이다. 몇십 년 전의 품삯을 받는 기분이 참으로 묘하기만 하다.

선택의 여지없이 일본에 가게 되었지만, 그때의 기억이 그렇게 나쁘지만은 않다. 특히 질서를 잘 지키던 일본 사람들은 매우 인상적이었다. 만약 앞서 가던 사람이 휴지라도 떨어뜨리면 뒷사람이 주워서 휴지통에다 넣었고, 기차에서 도시락을 먹을 때도 다 먹은 후 잘 싸서 휴지통에 버리는 등 우리나라 사람들보다 일상생활에서의 질서를 잘 지켰다. 우리나라를 고통 속에 몰아넣은 일제에 대한 미움이 가득했지만, 그래도 인정할 것은 인정할 수밖에 없었다.

우리나라뿐만 아니라 일본도 식량이 부족하기는 마찬가지였다. 그래서 고구마를 쌀과 섞어서 밥을 해 먹곤 했다. 아니, 밥이라기보다는 차라리 고구마에 밥알이 붙어 있는 형국이었다는 게 맞는 말일 것이다. 전쟁 와중이었고 전세가 일본에 불리하게 기울고 있던 때여서인지 그것조차 제대로 못 먹기가 일쑤였다.

일본에서는 관사에서 하숙을 했는데, 한 달 치 식권을 받아서 관사 내 식당에서 끼니를 해결해야 했다. 그런데 그 식권이 문제였다. 마음대로 한꺼번에 여러 장씩 쓸 수 있는 게 아니라 한 끼에 한 장만 쓸 수 있었다. 게다가 한 끼에 정해진 만큼의 양만 제공되도록 저울로 일일이 재서 밥을 줬다. 손바닥만 한 그림을 그려놓고 딱 그만큼만 주는 것이었다. 조금만 더 달라고 사정을 해도 어림없었다. 돌이라도 씹어 먹을 수 있을 것처럼 식욕이 왕성했던 열여덟 살의 나는 늘 배가 고픈 상태로 지내야 했다.

그런데 운 좋게 몇 번 배불리 먹었던 기억이 있다.

지금은 나이가 들어 볼품없게 변해버리고 말았지만, 한창 때였던 그 시절의 나는 기골이 장대했던 젊은 시절의 아버지를 닮아 외모가 반듯하고 괜찮았던 모양이다. 덕분에 당시 봉사대로 우리 식당에 와서 일도 하고 식권도 끊어주곤 했던 가고시마 사범학교 여학생들에게 특별대우를 받았다.

그 학생들은 '조센징'이라며 우리 한국인들을 무시하곤 했다. 비단 그들뿐만 아니라 대부분의 일본 사람들이 그러했다. 내가 군대 생활을 하기 전에는 지금 조선족이나 외국인 노동자들이 우리나라에서 돈을 벌듯이 많은 돈을 벌기 위해 일본에 간 사람들이 많았다. 예나 지금이나 지진이 많이 나기로 유명했던 일본에서는 그때도 지진이 잦았는데, 지진이 나서 집에 불이 나면 한국 사람들이 금속 같은 것들을 뒤져서 가져가고 먹을 것도 훔쳐 갔다는 말들이 많았다. 그래서 일본 사람들이 조센징 하면 도둑으로 여겼을 정도였다. 그러니 사범대학에 다니는 그네들이 보기에 조선에서 일하러 온 노동자인 우리가 얼마나 하찮게 여겨졌을지 미루어 짐작하고도 남는다.

그런데 그 학생들이 나에게만은 태도가 사뭇 달랐다. 마치 장난감을 대하듯 내게 와서 이런저런 얘기를 늘어놓으며 까르르 웃기도 하고, 쓰다듬기도 하면서 호감을 표시했다. 그때 우리나라는 유교사상 때문에 '남녀칠세부동석'이라 하여 여자가 남자와 말만 해도 시집을 못 간다 할 정도였는데, 일본에는 그런 것이 없었다. 놀랍게도 학생들과 얼굴을 몇 번 마주치면서 낯이 익게 되니 나중에는 나에게 막 뛰어와서 안기는 학생도 있을 정도였다.

어느 날은 그중 한 여학생이 내가 부탁한 것도 아닌데 식권을 가져가지 않았는데도 나에게 밥을 주는 게 아닌가. 덕분에 밥을 두 번 먹을 수 있었다. 또 어느 날은 내가 배고픈 것을 예상했다는 듯 고구마를 쪄서 마치 곶감처럼 말려 큰 보따리째로 가져다주곤 했다. 늘 배가 고팠던 나로서는 그게 얼마나 고마웠는지 모른다.

이런 일도 있었다. 일요일이면 나고야 시내로 외출을 나갔다. 하루는 사람들이 어딘가 줄을 서 있는 게 보였다. 그래서 무슨 일인가 했더니 흰 죽을 팔고 있었다. 예전에 먹어본 적이 있던 터라, 일본 사람들이 그 흰 죽을 참 맛있게 쑨다는 것을 알고 있던 나는 죽을 사 먹으려고 줄에 끼어 기다렸다. 그런데 바로 내 앞사람을 마지막으로 죽이 다 팔리고 말았다. 할 수 없이 실망한 채로 돌아서는데 한 일본 여인이 나를 불러 세웠다. 실망한 내 모습이 무척이나 안 돼 보였던 모양인지 내게 밥을 대접할 테니 자기네 집으로 가자고 팔을 잡아끌었다.

배가 너무 고팠던 나는 그 손길을 뿌리치지 못한 채 염치불구하고 여인을 따라갔다. 그 집에는 내 또래의 딸이 있었다. 여인은 길에서 만난 조센징인 내게 그 딸을 시켜 예를 다하고자 무릎을 꿇게 하고 내게 식사를 대접하였다. 먹다 보니 세 공기를 먹었고 내가 식사를 다 마칠 때까지 옆에 앉아 살뜰히 챙겨주었다. 참으로 고마웠던 기억이다.

어려운 일본 생활 중에도 내게는 운이 좋다고 여길 만한 일들이 많았다. 우스갯소리지만 아마도 나를 잘나게 낳아주신 부모님 덕분에 조금이나마 배고픈 시절을 잘 넘길 수 있었다는 생각이 든다.

직접 겪은 폭격의 화마

일본에서 생활할 때 몇 번의 큰 지진을 겪었다. 어느 날은 방에서 자고 있는데 갑자기 벽이 무너져 내렸다. 밖으로 나가려 하니 뿌연 먼지에 눈을 뜰 수가 없었고, 땅이 갈라지는 바람에 움직일 수조차 없었다. 일어서지도 앉지도 못할 정도로 땅이 마구 흔들렸다. 고군분투 끝에 겨우 엎드려 기어 나와 생명을 부지할 수 있었다. 지금 생각해도 아찔한 순간이었다.

일본의 '진주만 공습'도 내가 일본에 있을 때 일어났다. 제2차 세계대전을 일으킨 일본군은 미국의 진주만을 기습 공격하면서 미국을 도발했고, 미국은 곧장 일본의 도시들에 폭격을 가했다. 이때 미국이 투하한 소이폭탄은 고무풀

성분이 있어서 한번 불이 붙으면 진압하기가 어려웠다. 가마니에 물을 축여서 불이 붙은 곳에 덮으면 불이 꺼지기는커녕 곧장 사람에게로 옮겨 붙었다. 폭탄의 고무 성분 때문에 불이 몸에 붙어 떨어지지 않고 점점 더 번져 결국 불타 죽게 되는 것이다. 사람뿐만 아니라 가구들과 건물에도 불이 마구 번져 결국 나고야 시내는 순식간에 폐허가 되고 말았다. 차로 15분 정도 달려도 성한 곳이 하나도 없을 정도였다. 그때의 공포와 허탈감은 지금도 생생하다. 이 일로 내가 가지고 있던 귀한 소지품과 사진들도 몽땅 불타 없어지고 말았다.

사건이 일어난 지 몇 달 후인 8월, 히로시마에 원자폭탄 폭격을 당한 후 일본이 항복하며 전쟁은 끝나게 되었다. 다행히 나는 일본에서의 교육 기간이 끝나 4월에 한국으로 돌아왔기 때문에 원자폭탄의 피해를 입지 않았다. 만약 몇 개월만 늦었더라면 내가 지금 이렇게 건강히 살아 후대에게 이야기를 남기는 일은 상상도 할 수 없는 일이다. 당시를 생각하면 아직도 무섭고 진저리가 쳐질 뿐이다.

가난했던 신혼

나는 스무 살에 장가를 갔다. 내 아내 허정순은 열여덟이었고 우리는 한동네 이웃으로 알고 지내던 사이였다. 아내는 학창 시절 매번 반장을 도맡아 할 만큼 공부를 잘하고 그만큼 성실한 사람이었다. 학식 높고 유능한 한의사 조부의 둘째 손녀였던 아내는 부유한 가정에서 자라 누구나 탐내는 규수였다. 반면 나는 처가보다 가난한 집안 형편에 서모를 둔 여러 이복형제의 장남이었다. 무엇 하나 내세울 게 없는 여러모로 부족한 청년일 뿐이었다.

자격지심 탓이었을까. 혼담이 오갈 무렵 나는 장가갈 마음이 없다고 아버지께 말씀드렸더니 크게 호통치셨다. 아버지 욕심엔 당연히 남들이 다들 부러워하는 좋은 집안과

허정순여사 유년 시절(윗줄 오른쪽 두 번째)

의 혼사를 빨리 성사시키고 싶으셨을 것이다. 아버지께 늘 순종하며 살아왔던 나는 이번에도 거역하지 못하고 결혼을 결정해 아내와 부부의 연을 맺게 되었다.

그러나 장모님은 우리의 결혼을 아주 탐탁지 않아 하셨고 사위인 나를 못마땅해 하셨다. 여러 귀한 집에서 혼처가 들어오고 있는 마당에 그런 집들을 놔두고 가난하고 복잡한 집안에 누구나 탐내 하던 귀한 딸을 보내려니 내가 얼마나 눈에 안 차고 서운하셨을지 나는 장모의 마음을 십분 이해한다.

지금에 와서 이야기지만 나를 탐탁지 않아 한 장모는 혼인하던 날 사위인 나에게 그 어떤 선물도 해주시지 않았다. 당시 풍습으로 처가에서 결혼식을 올린 후 하룻밤을 지내고 시댁으로 가게 되었는데, 그때 시댁으로 딸과 사위를 보내면서 지금의 이바지 음식마냥 사위에게 이것저것 챙겨보내는 게 예의였다. 장모는 아무것도 해주시지 않으셨다. 나는 행여나 아내와 우리 집에서 알면 서운해할 것 같아 직접 양말 한 뭉텅이를 사서 장모님께서 마련해 보내신 것이라며 사람들에게 보여주었다. 당시 양말은 최고의 선물이었기에 다른 사람들은 내가 장모에게 꽤나 좋은 선물을 받은 줄 알고 넘어갔으나 사실은 그렇지 않았다.

훗날 시간이 지나며 나의 본심과 성품 등을 알아본 장모는 신혼 초와는 다르게 사위를 귀히 여겨주셨다. 하여 그때의 서운함은 눈 녹듯 사라진 지 이미 오래이다.

나를 홀대했던 장모님과는 달리 처조부와 장인어른께서는 나를 귀하게 여겨주셨다. 한동네에서 자랐으니 어렸을 때부터 나를 눈여겨보셨다고 한다. 한번은 일례로 나의 모

장인어른, 장모님

습을 이야기해주셨다. 어렸을 때 처가에서 운영하던 약방에서 약을 타갈 적마다 매우 공손하게 무릎을 꿇고 앉아 어르신이 하문하는 것에 또박또박 대답하던 것이 영특하고 예의 발라 눈여겨보셨다 했다.

어린 나의 예의 바른 태도에서 장래를 일찌감치 알아보셨던 것 같다.

생각해보니 우리는 비슷한 면이 많았다. 아내는 나보다 초등학교 2년 후배였고 특히 약국집이라 나는 가끔 그 집을 드나들었다. 그리고 그가 예전에 공주사범학교를 시험쳤다가 떨어졌다는 것을 알고 있었다.

사실은 나도 예전에 대구사범학교 시험을 쳤다가 떨어졌기 때문이다.

나는 그 당시 많은 집일을 다 하면서 그래도 한 학년의 57명 중 7-8등을 했고 아내는 1-2등을 한 걸로 알고 있다. 그런데 그 당시 사범학교는 돈을 안 들이고 가는 학교라서인지 수재들이 많이 모여들었다고 생각한다.

특히 대구는 경상도 똑똑한 사람들이 다 모였구나 하는 생각이 들었다.

그런데 공주사범이 1년 후 새로 생겨 아내는 아마 학교설립 1년 내지 2년 차에 시험을 치렀을 것이다. 공주사범 역시 경쟁률이 만만치 않았던 걸로 알고 있다. 이렇게 우리는 불행히도 둘 다 사범학교를 가려다 낙방한 사람들이었다. 아마도 우리 둘 중 하나라도 사범학교를 갔더라면 우리는 부부 연을 맺지 못했을 것이다.

결혼한 후 아내는 복잡하고 시끄러운 시집에 들어와 모

분가하기 위하여 장만한 집

든 것을 묵묵히 잘 감당해주었다. 멋쟁이이신 시아버지의 외출용 한복을 손으로 직접 만들고 다듬는 일이며 방아 찧는 일, 시동생들 뒷바라지 그리고 아이들 키우는 일 모두 아내의 몫이었다. 그렇게 신혼 초반 10년 가까이를 아내는 참으로 고생 고생하며 살았다.

이후 우리는 아들 둘과 셋째로는 딸을 낳은 후 다섯 식구가 분가를 하였다. 조금 부담이 되는 집이었지만 집터가 좋다고 소문난 그 집을 사기 위해 장인어른과 사촌 형님의 도움을 받아 아버지를 설득시켜 원하던 그 집을 장만하였다. 이사 오던 날 비록 살림살이는 변변찮았지만 우리 다섯 식구가 함께할 수 있는 새로운 거처에서 오붓한 삶을 시작하며 참으로 행복감을 누릴 수 있었다.

막상 집을 사서 이사를 왔지만 이제 앞으로 살 것이 막막할 뿐이었다. 더구나 이사 온 그해에 아버지의 환갑을 맞이하였다. 나는 장남이어서 아버지의 환갑잔치를 전적으로 책임져야 했다. 아내는 이러한 상황을 해결하기 위해서 우선 우리 식구가 당장 먹을 식량 쌀 한 가마로 먼저 술을 담가 땅에 묻으며 잔치를 준비하였다. 그리고 할 수 없이 이웃집에서 빚을 얻어 환갑잔치를 치렀다. 빚으로 시작된 살림을 일으키고자 나는 다른 집에 가서 품을 팔며 막노동은 물론이거니와 산에서 장작을 구하는 일 등 온갖 일들을 다 했다.

아무리 해도 해도 쌀은 비싸서 사지 못하고 밀을 사와 꽃단초 꽃과 함께 쪄서 밥으로 대신했다. 어떤 날은 죽을 멀겋게 쒀서 먹기도 하고, 그렇게 끼니를 때운 후에는 하루 온종일 굶으면서 일만 하며 보내기도 했다.

셋째 딸 문자가 네다섯 살이 되었을 무렵의 어느 날이었다. 일하러 나가려는데 부엌에서 문자가 부뚜막 위에 앉아 솥뚜껑을 자신의 머리에 인 채로 솥 안에 머리를 숙여 박고 밥을 움켜쥐어 입에 넣고 있는 장면을 보게 되었다. 그 순간 나는 아찔하였다. 자식에게 밥을 제대로 먹이지 못해 배가 고픈 나머지 저런 식으로 밥을 몰래 먹는가 하여 미안하기도 했다. 그리고 죄책감에 가슴이 먹먹하였다.

그 모습을 보고 나는 먹지 못하더라도 자식들에게는 먹여야겠다, 애들 교육을 잘 시켜 밥을 굶는 일은 없도록 해야겠다고 다짐했다. 그 일 이후로는 아침에 나갈 때 아이들의 몫을 남겨두기 위하여 아침밥도 굶고 일하러 나간 날들도 참으로 많다.

누구에게나 배고픈 시절이었으나 한창 아름다웠어야 할 신혼에 나와 아내는 가난과 배고픔과 싸워 어떻게든 집안을 일으키려 악착같이 노력했던 것 같다. 그때의 희생이 있었기에 지금 넉넉히 자식들을 돌보며 살 수 있는 게 아닐까. 비록 당시에는 힘들었으나 이제는 웃으며 회고할 수 있는 것을 보면 가난도 우리에겐 값진 경험이지 않았나 싶다.

6·25 전쟁이 터지다

1950년 6월 25일 내가 22살이던 해에 6·25 전쟁이 발발하였다. 북한 인민군은 서울을 함락시키고 얼마 지나지 않아 내가 살던 충청도도 점령하였다. 인민군 좌익들이 득세하다 보니 우익들을 무조건 데려다가 면지소의 유치장과 창고에까지 많은 사람들을 잡아다가 가두어 죽였다. 나 역시 그곳에 끌려가 이삼일 저녁을 지냈다. 이름이 불려나가면 차에 실려 가서 무리무리 죽임을 당하는 것이었다. 살아도 산 것이 아니었다. 마치 시간이 정지된 느낌이었다. 다행히 나는 특별한 도움으로 별 탈 없이 풀려나긴 했지만 언제 불려나가 죽을지 모르는 그 공포의 삼 일은 다시는 겪고 싶지 않은 순간이다.

전쟁통 속 어머니 생각

좌익 세력이 약해지자 이제는 반대로 우익 세력들이 좌익들을 개 패듯 때려죽이는 형제간의 살상을 저지르게 되었다.

비참했던 6·25 전쟁이 중반쯤 이르렀을 무렵 나는 육군에 입대하였다. 어쩔 수 없이 가족들을 버려두고 입대하게 된 것이다. 젊은 아내에 어린 자식들을 떼어놓고 전쟁 속으로 불려가자니 전쟁 그 자체가 무섭기보다는 혹여 내가 잘못되면 남겨질 가족들에 대한 걱정이 앞섰다.

설상가상으로 나는 최전방으로 배치되었다. 포탄을 담당하는 병사로서 이후 강원도 철원 지역을 지나 대구를 비롯하여 여러 지역을 돌아다녔다. 대구에서 지낼 때에는 군사 훈련소에서 군인들을 훈련하는 역할을 맡았다. 내가 입대했을 무렵에는 한참 북으로 밀고 올라갔던 남한군과 연합군이 압록강과 두만강 부근에서 치고 내려오는 중공군(지금의 중국)을 만나 다시 휴전선이 있는 부근까지 내려와 치열하게 엎치락뒤치락하던 때였다. 그때를 기억하면 참 살벌했다는 것밖에는 떠오르지 않는다. 불과 얼마 전까지만 해도 같은 민족이었는데 이념이 달랐기 때문에 순식간에 적이 되어 총구를 겨누게 된 상황이 너무 어이없고 가슴이 아팠다.

6·25 전쟁이 발발했을 때 남한군은 건장한 소년들과 성인 남자들을 모두 전라도로 피신시켰다. 북한군이 쳐들어왔을 경우 남자들을 생포하여 북한군으로 무장시키는 경우를 대비해서였다. 그때도 가족들과 헤어져있을 수밖에

없었다. 가족들은 밀고 내려오는 북한군을 피해 낙동강까지 피난 갔었고 전세가 다시 역전되자 고향으로 돌아왔다. 3년이라는 긴 시간 동안 직접 겪었던 동족상잔의 비극은 이루 형언할 수가 없을 정도로 참혹했다.

최근 북한의 도발과 관련하여 많은 뉴스가 나오고 있다. 개인적인 생각으로는 예전과 같은 비극은 쉽사리 다시 일어나지 않을 것이다. 우리는 너무 큰 아픔을 겪었기 때문에 지금 이 땅에 남아있는 사람들은 그때의 아픔을 기억하고 있을 것이다. 겪어봤던 사람만이 알 수 있는 고통으로 그 고통을 기억하는 한 전쟁은 쉽게 반복될 수 없을 것이다. 어쩌면 전쟁이 되풀이되지 않을 거라는 확신보다는 그러지 않길 바라는 마음일 수도 있다. 그만큼 나는 그때의 아픔을 다시는 기억하기조차 싫은 마음이다.

꿈이 없던 시절

요즘 젊은이들이 자신의 꿈에 대해 자유로이 이야기하는 것을 흔히 보게 된다. 내 손자들만 해도 인생의 여러 방향에 대해 꿈을 꾸며 계획해나가는 것을 목도한다.

그러나 그 시절 우리에게는 꿈이라는 것이 없었다. 그저 밥걱정하지 않고 자식들이 원하는 공부를 마음껏 시켜주고 싶다는 소망만이 삶을 지탱하는 전부였다. 어떤 원하는 직업을 갖고 싶다든지 무언가 업적을 남기고 싶다든지 꿈을 가질 겨를도 여유도 없었다. 꿈을 생각하는 것 자체가 사치고 뜬구름 잡는 일이었다.

눈앞에 닥친 당장의 생활고에 시달려야 했기 때문에 다른 것은 생각할 여지가 없었다. 일제의 압박으로 인한 큰

상처가 아물기도 전에 동족상잔의 비극이 터졌고, 전쟁 후 폐허가 되어버린 현실 앞에 하루하루 먹고살기도 급급했던 우리들이었다. 그렇기 때문에 나의 이삼십 대는 내 삶을 통틀어 가장 버겁고 치열했던 기억으로 남아있다.

그때는 나뿐만이 아니라 우리나라의 모든 이들이 그랬을 것이다. 우리가 처한 현실을 이겨내기 위해 그저 닥치는 대로 일하면서 열심히 살아내야만 했던 그런 시절이었으니까.

우리 세대의 그러한 노고가 있었기에 지금의 대한민국이 가능했다고 믿는다. 그러한 시절이 있었기에 나의 자식들은 그래도 모두 원하는 공부를 하며 꿈을 키웠고, 나름대로 그 꿈을 이루어가며 각자의 삶을 행복하게 살아가고 있는 것이다. 내 자식들을 바라보며 지난 시절에 대한 후회는커녕 자부심을 느끼곤 한다.

비록 지금의 젊은이들처럼 뚜렷하게 나의 꿈을 가질 처지는 못 되었지만, 나에겐 잘살아보자는 소망이 곧 삶의 목표였기 때문에 결과적으로 그것들을 모두 이룬 지금은 내 자신이 누구보다 자랑스럽고 뿌듯하다.

'매사진선每事盡善'의 가훈을 내세우며 내 나름대로 최선을 다했다고 자부한다. 내 후손들도 자기에게 주어진 삶을 귀히 여기며 한순간 한순간을 감사하는 마음으로 최선을 다하며 살아가기를 바랄 뿐이다.

水滴穿石

수적천석

제3장

중년 시절

새마을광역권사업추진위원장

'수적천석水滴穿石'이라는 말이 있다. 이 말을 그대로 풀이하자면 '작은 물방울이라도 끊임없이 떨어지면 결국엔 돌에도 구멍이 뚫린다'는 뜻이다. 즉 작은 노력이라도 끊임없이 계속하면 큰일을 이룰 수 있다는 의미이다.

나는 수적천석의 일념으로 이런저런 일들을 닥치는 대로 하면서 살아왔다.

한번은 정부로부터 1,500만 원의 예산을 받아 버스가 다닐 수 있도록 우리 동네의 농로를 확장하는 공사를 추진한 바 있다. 새마을 사업의 일환이었는데, 내가 사업을 추진하는 위원장을 맡게 되었다. 아마 면천면 내에서 제일 먼저 예산을 따내어 새마을 사업을 시작하였을 것이다.

새마을광역권사업추진위원장 시절

그런데 큰 문제가 있었다. 좁은 길을 확장하기 위해선 도로에 들어가는 땅값을 땅 주인에게 보상해주어야 했는데, 예산에는 그 항목이 아예 포함되어 있질 않았던 것이다. 당시 새마을 사업을 추진하기 위해서는 상당한 토지가 필요하였는데, 정부는 사업에 필요한 돈만 지원해주고 토지 조달은 전적으로 추진위원회 자체가 해결하도록 미룬 것이다.

그러니 땅을 가진 주민들은 반대할 수밖에 없었다. 아무런 대가도 없이 땅을 내놓을 수는 없는 일이 아닌가. 너나 없이 가난한 시절인 데다가 정부도 돈이 없으니, 토지 보상을 우리가 자체적으로 해결해야만 했다. 참으로 곤란한 일이었다.

사업에 필요한 토지는 모두 지역 농민들의 땅이자 그들의 생명과도 같은 것이었다. 그들의 땅을 강제로 몰수할 수도 없는 노릇이었다. 그래서 고민 끝에 토지 몰수에 반발하는 농민들을 위하여 우리끼리 돈을 모아 땅값의 절반이라도 보상해주자고 위원회 회원들을 설득하였다.

그러고는 지역 사회 모금 활동을 통하여 돈을 모았다. 그렇게 모인 모든 돈으로 땅을 가진 농민들을 설득하였다. 그들이 가진 땅값의 절반밖에 되지 않는 비용이었지만 최선을 다해 설득하였고, 결국 부지를 확보하는 데 성공하였다. 그러한 과정을 거쳐 어렵사리 일이 성사되었다. 공사가 진행되기까지 주민들로부터 욕도 많이 먹으며 고심도 많았고, 여러모로 고달프고 어려웠던 기억이 난다.

그 길이 완성되어 버스가 통행하기까지 우여곡절이 많았지만 버스가 개통되던 날 그 모든 것이 해소되었다. 사람들 모두 그 작은 산골마을 대치리에 버스가 다니게 되었다는 것에 함께 기뻐했던 것이 눈에 선하다.

결국 지역 주민들과의 합의와 협력을 통하여 새마을 사업을 성공적으로 실행할 수 있었고, 우리는 정부로부터 새마을 사업 1등상을 받았다. 그리고 그에 대한 특혜로 우리 지역에 전기가 공급되었고 상금으로 100만 원(당시 쌀 100가마)을 받았다.

문화유적보존회 협회장

새마을광역권사업이 진행되는 공사 과정에서 유물들이 발굴되었다. 당시 나는 당진에서 대전으로 가는 고속도로 개통 사업에 참여하고 있었는데, 흙을 파는 과정에서 유물이 발견된 것이다. 우리는 이 유물들을 박물관에 기증하여 전시하려 하였다. 그러나 정부에서는 마땅한 박물관과 전시 시설이 갖추어지지 않았다는 이유로 다른 도시에 유물들을 보낼 것을 권하였다. 당진에는 박물관 시설이 발달되어 있지 않으니 공주에 위치한 한 박물관에 그 유물을 기부하라는 것이었다.

그것도 다른 이유가 아니라 유물들을 보존할 장소와 여건이 충분치 않기 때문에 우리 고장의 유물을 다른 도시에

문화유적보존회 협회장 공로패

서 전시한다니 말이 되지 않는 일이었다. 사실 내가 살던 고장은 작은 면으로, 이제까지 그런 유물들을 보관해온 일이 없었던 게 현실이기도 했다.

내가 참여한 공사에서 발견된 유물이니만큼 이 일에 앞장서야겠다는 사명감이 일었다. 우리 지역에서 발견된 유물은 우리 지역에서 보관해야 한다는 생각에 문화유적보존회라는 단체를 만들었다. 그리고 보존회 임원들과 같이 지역 사회를 다니며 주민들이 가지고 있던 여러 유물들을 기증받았다. 그렇게 모은 유물들은 미봉책으로 급하게 만든 컨테이너 박스에 보관하였고, 당진시에 유물관 설립 허가 신청서를 제출하였다. 설립 허가가 나기를 기다리던 도중에 지금 머물고 있는 노블카운티로 입주해야 했기에, 문화유적보존회에서 내가 맡았던 자리는 아는 후배에게 넘겨주었다. 다행히 몇 년 전에 허가 신청서가 승인이 되어 예산이 확보되었다고 한다.

내 고장을 지키고 가꾸는 것은 이곳에서 살아가는 우리의 몫이고 앞으로 살아갈 후손들의 몫이다. 옛 조상들의 것을 보존하고 다음 세대에게 물려주어 우리 민족의 정신을 이어가는 것은 중요한 일이다.

문화유적보존회를 만들고, 유물을 모으고, 유물관 설립을 추진하는 것은 쉽지 않은 일이었다. 그러나 마땅히 해야 하는 일이었고 지금도 순조롭게 진행 중이다. 이렇게 내가 무언가 뜻을 품고 앞장서서 헌신할 때 보탬이 될 수 있다는 사실에 보람을 느끼게 된다.

향교의 책임자가 되다

향교란 조선시대의 지방교육기관을 일컫는 말이다. 향교는 지금까지도 각 지방마다 잘 보존되어 오고 있다. 나의 고향인 충남 당진에도 향교가 있었다.

향교에서 전교였던 나는 겨울방학과 여름방학, 1년에 2번씩 지역의 중학생들을 위한 '충효忠孝교실'을 개강하였다. 그곳에서 나는 학생들에게 한문, 서예 그리고 《명심보감》을 가르쳤다.

향교의 전교를 맡으면서 가장 기억에 남고 뿌듯했던 일은 바로 내 돈으로 직접 《명심보감》을 사서 모든 학생들에게 나누어준 것이다. '마음을 밝히는 보배로운 거울'이라는 의미의 《명심보감》은 살아가는 데에 교훈이 되는 좋은 글

1986년 하기 충효교실 면천 향교 수료식

들로 이루어진 책이다. 나는 학생들이 학문을 열심히 닦고 지역 사회에 기여하기를 바랐다. 무엇보다 부모님께 효도하며 바른 사람으로 성장하기를 가장 소망하였다.

한국일보에 충효교실이 기사로 나오기도 할 만큼 나는 열과 성을 다하여 학생들을 교육하였다.

내가 학생들에게 가장 강조하였던 글귀는 바로 '수신제가치국평천하修身齊家治國平天下'였다. 이는 '몸과 마음을

향교 전교 시절의 향교 책임자

닦아 수양하고 가정을 가지런하게 하며 나라를 다스리고 천하를 평안케 한다'라는 뜻이다. 사람은 누구나 자신이 비로소 올바른 사람이 된 뒤에 가정을 올바로 세울 수 있고, 더 나아가 나랏일을 결국 올바르게 치리할 수 있음을 이른 이치다.

요즘 정치인들이나 고위관직에 오른 사람들 중에는 자신의 본분에 맞게 올바르게 행동하지도 않으면서 나랏일에 관여하는 사람들이 많다. 현세대 사람들에게 '수신제가치국평천하'를 반드시 실천해야 한다고 거듭 강조하는 바이다.

한 가정의 탄생을 알리는 주례자가 되다

수많은 의식들 중에서도 '결혼'이라는 의식을 굉장히 중요하게 여긴다. 단순히 두 남녀가 만나 함께하는 것이 아니라 한 사람의 인생과 다른 한 사람의 인생이 만나 결합하는 것이라고 생각하기 때문이다.

내가 향교의 책임자가 되고나서부터 지역 주민들이 나에게 점점 주례를 부탁하기 시작하였다. 나는 그들의 부탁을 거절할 수 없어서 주례를 맡았다.

살아오면서 수많은 결혼식의 주례를 서는 영광을 얻었고 주례 요청이 들어오면 바쁜 일이 있어도 거절하지 않고 기꺼이 수락하였다. 많은 주례 경험 중 인상에 남는 결혼식은 KBS홀에서 치러진 결혼식이었다. 평소 잘 알고 지내

한 가정의 탄생을 알리는 주례

던 기자 분의 결혼식 주례를 맡게 되었는데 커다란 홀에 가득 차 있던 사람들을 보니 그 많은 주례를 서도 떨리지 않던 다리가 후들거렸다.

사람의 인생에서 가장 중요한 터닝포인트가 되는 한 가

정의 탄생을 알리며 축복하는 성스러운 결혼예식의 주례로서 그들의 삶을 축복하는 것은 참으로 영광스런 특권임을 다시 한 번 자각하게 된다. 그동안 주례에서 축복한 모든 이들이 더욱더 건강하고 행복하길 바라는 마음이다.

농업협동조합장

내 인생에서 가장 기뻤던 한순간을 꼽으라면 바로 농업협동조합장으로 취임하던 날일 것이다.

농업협동조합장은 주민들의 가장 많은 표를 얻은 사람이 당선된다. 조합장 후보자 자리에 나를 제외하고 1명의 후보자가 더 있었다. 그는 주민들에게 밥을 사주는 등 사람들에게 뇌물을 바쳐가면서까지 조합장이 되려고 하였다. 아주 상식에 어긋나 생각도 못 할 일이다.

그렇게까지 부정을 저지르며 조합장 자리에 오르기는 싫었다. 하지만 주변에서 나를 부추기는 사람들이 많았다. 결국 나를 지지하며 응원하는 사람들도 뇌물을 쓰지 않으면 뽑힐 확률이 절대로 없으니 조합장 자리를 포기하는 것

농업협동조합장 취임식

이 낫겠다고 말하는 지경에 이르렀다. 이제 와서 조합장 자리를 포기하면 안 된다는 생각에 결국 나도 상대 후보자와 똑같이 행동하고 말았다.

그때 우리나라의 선거문화 자체가 얼마나 잘못되어있는지 몸소 실감할 수 있었고, 여전히 그러한 세태들이 아직 우리 사회에 남아있다는 것이 안타깝다. 선거라는 것이 그 자리에 마땅하고 적합한 자격자를 뽑아야 하는 것인데 말

농업협동조합 단체사진

이다.

조합장으로 당선되어 농업인들의 화합과 농촌을 더욱 발전시키고자 하는 부푼 마음에 첫 출근하던 날이 내 인생에서 가장 가슴 뛰고 기쁜 날이었다.

그 당시 조합이 부도날 정도로 많이 어려운 시기였다. 어려운 시기에 조합을 맡게 되어 많은 애로가 있었다. 그러나 나는 재임 기간 동안 열심히 일을 하였다.

농산물 가격이 점점 하락하여 지역 농민들의 경제적인 형편이 점점 어려워지고 있음을 몸소 느꼈다. 그들은 노동으로 하루하루를 힘들게 살아가는데도 불구하고 급락하는 농산물 가격을 보며 나는 안타까움을 느끼지 않을 수 없었다. 더 이상 농민들이 농업과 같은 고된 노동만 해서는 안되며 이제는 공업과 같이 간편하고 새로운 방식으로 이익을 창출해내는 것이 필요하다고 생각하였다.

농산물을 생산하여 소비자에게 직접 공급하는 것을 착안하여 중간 마진을 줄이는 직거래 형식으로 수익을 올리도록 하였고 대형 회사나 통신공사, 체신부 등 식당에 조합원들의 쌀을 구입하여 직접 공급하기도 했다. 여러모로 애쓴 결과 조합의 예산도 증가되고 조합의 튼튼한 기반을 잡아놓았다.

내가 세운 회사, 대한솔루션

농업협동조합장직을 퇴임할 무렵 막내아들 풍석이가 새 자가용을 선물해주었다. 퇴임 후 혹 아비가 허전해할까 걱정되어 그리했다는 생각이 든다.

그러던 차에 충남 당진에 농공병진정책의 일환으로 '대한솔루션'이라는 자동차 부품 제조 공장을 설립하게 되었다. 나의 지역 사회인 당진에 농업뿐만 아니라 공업을 새로이 활발하게 진흥시켜 지역 농민들의 생활에 여유가 생기도록 돕고 싶다는 굳은 의지와 신념을 가지고 설립한 회사였다.

시대의 급변함을 느껴 농촌에서는 더 이상 농사만으로 잘 먹고 잘살 수 없다는 생각이 들던 차였다. 농업협동조

내가 세운 대한솔루션

합장 시절 힘들게 농사일을 하는 농민들의 모습을 보며 농업 말고 다른 일이 필요하다고 생각해 공장 설립으로 실천한 것이다. 공업을 들여와 농업과 공업 양쪽에서 수입을 얻어야 큰 이득을 볼 수 있을 거라 생각하였다. 쉽게 말해서 '공업을 통해 우리 모두 돈을 많이 벌어 잘살아보자'라는 취지로 만든 회사였다.

그러나 당진 지역 주민들은 공장 설립을 강하게 반대하

였다. 그들은 지역에 공해 시설을 들여놓는 것을 원치 않았다. 공장 설립으로 인한 공해 발생을 우려한 것이다. 그러나 대한솔루션은 자동차 부품을 만드는 회사이기 때문에 다른 공장에 비하여 공해가 심하지 않았고, 환경 파괴의 위험이 그리 높지 않았다. 나는 이 점을 지역 주민들에게 피력하며 계속 설득하였다.

그들이 애초에 말한 '공해'는 바로 '대기 오염'만을 뜻하는 게 아닌 '대한솔루션을 설립할 때 일어나는 모든 과정들'을 의미하였다. 그들은 땅의 흙을 퍼내고 불도저가 길거리를 왔다 갔다 오가는 등 부지에 건물을 지을 때 필요한 모든 과정들을 '공해'라고 일컬었다. 지역 주민들은 대한솔루션 설립을 강력하게 반대하였다. 이에 나는 정부로부터 융자받은 돈을 그들에게 주어가면서 설득하였다. 결국 대한솔루션을 설립할 수 있었다.

공장을 지어놓고 나니 주민들은 하나둘씩 공장에 다니게 해달라는 부탁을 내게 하기 시작했다. 처음에는 조그마한 건물에서 시작하였지만 점점 큰 수익을 얻어 나중에 공장을 다시 크게 건설하였다. 내 자랑을 조금 하자면, 대한솔루션을 통하여 덕을 톡톡히 본 지역 주민들이 제법 많다. 농사와 공장 일을 겸하며 부자가 된 사람도 있다. 그중에서도 객지에서 방황하던 아들을 대한솔루션에서 일하게 하며 많은 부를 축적한 사람이 가장 기억에 남는다.

공장이 점점 발전하면서 현재 공장에는 100여 명이 넘는 직원들이 있다. 대부분 당진 지역에 거주하는 사람들이다. 결국 지역 사회의 발전에도 한몫을 한 셈이다. 굳게 믿고 마음먹은 것을 반드시 이루려는 나의 강한 의지 덕분에 좋은 성과를 낼 수 있었던 것 같다. 물론 나를 믿고 따라준 다수의 주민들 덕분이기도 하다.

소문만복래

제4장

노년 시절

소통을 위한 서예전을 열다

현재 나는 노년을 이곳 노블카운티에서 보내고 있다. 처음 노블카운티에 입주했을 때 사실 많이 외로웠다. 그래서 타워동에 함께 사는 주민들과 함께 즐겁게 소통할 수 있는 방법을 생각하였다. 고심 끝에 내 취미인 붓글씨를 활용하여 서품전을 열기로 결심하였다.

이때까지 노블카운티에서 열린 전시회에서 아쉬운 것이 있다면 매번 서예전이 열려도 관람하는 사람이 많지 않을 뿐더러 사람들이 전시회에 관심을 가지지 않는다는 것이다. 생각 외로 많은 사람들이 한문에 익숙지 않아 작품 글귀에 대한 설명이 없이는 작품 감상을 어려워하는 것이 아닐까 하는 생각이 들었다. 그렇다면 한문으로 이루어진 서

2011년도 노블카운티 서예전

예 전시회에 관심이 없는 것은 당연할 터였다.

그래서 나는 전시회 작품 하나하나에 일일이 해석을 적어놓았다. 사진과 여러 가지 설명을 담은 책자를 준비하여 방문하는 이들에게 드렸다. 서예 전시회는 미술관과 비슷하다. 아무리 아름답고 멋있는 작품이라도 그것에 대한 제대로 된 설명이 없다면 이해를 할 수 없고 깊은 감상을 할 수가 없다. 그렇기에 나는 보는 이들에게 글귀 속에서 조금 더 깊은 감동을 주기 위하여 여러 부분에 신경을 쓰며 전시회를 열었다. 전시회는 나름 만족스럽게 진행되었다.

사람과의 소통을 위한 서예

그 덕분에 많은 입주민 분들과 친교의 시간을 가지며 서로를 알아가는 기회가 되었다. 때마침 중국 방문단들이 들러 관람하여 실버타운의 문화생활을 알리는 좋은 모델이 되기도 했다.

전시회를 준비하고 진행하는 과정에는 많은 분들의 수고와 도움의 손길이 있었다. 그분들이 격려와 관심을 아끼지 않으며 사랑으로 적극 도와주신 덕분에 가능한 일이었다. 특히 여러모로 애써주신 노블카운티 관계자 분들께 다시 한 번 깊은 감사의 마음을 전하고 싶다. 가깝고 먼 곳에서 찾아주셨던 수많은 분들 한 분 한 분께 참으로 고마움을 느낀다.

배움의 즐거움

전시회를 열 정도로 내가 붓글씨 쓰기를 즐기는 이유는 붓글씨를 통하여 나에게 온전히 집중할 수 있기 때문이다. 먹을 갈아서 하얀 한지에 한 자 한 자 써내려가면 그 순간 내 마음이 순화가 되고, 나를 둘러싼 온 세상이 조용해지는 듯하다. 그만큼 붓글씨는 마음을 편안하게 하고 집중할 수 있게 해준다.

요즘에는 그림도 배워서 그리고 있는데, 그림 역시 그리고 나면 자신감이 생기고 성취감을 느끼게 해준다. 앞으로 내 자화상도 그려보고 싶은 욕심도 갖고 있다.

나이를 먹어서도 내가 배움을 실천하는 이유는 어디에 써먹기 위한 것이 아니라, 나에게 주어진 시간을 최대한 즐

梅
菊
蘭
竹

노블카운티에서의 그림활동

기기 위함이다.

배움의 즐거움이란 것은 결국 본인 자신이 만들어야 하는 것이지 누가 가져다주는 것이 아니다. 스스로 자기가 좋아하는 것을 찾아서 즐기며 보람되고 의미 있는 시간을 보내려는 노력이 필요하다.

많은 이들이 본인의 마음을 편안하게 해주고, 기분을 좋게 만들어주는 것을 발견하여 반드시 그것에 파고들기를 바란다.

지금 배우지 않고 허송세월하다가는 나이가 들어서 젊

덕수궁 (ⓒ 채규칠)

었을 때 배움의 열정을 가지지 않은 것을 후회하고 그것에 한이 맺히게 될 것이다.

인재명호재피, 이름을 남기는 삶

사람이 죽은 뒤에는 이름을 남기고 호랑이는 죽은 뒤에 가죽이 남는다 하였다. 이것을 한문으로 표기하면 바로 '인재명호재피人在名虎在皮'이다. 그런 의미로 보긴 어렵지만 나는 나의 필적과 흔적을 풍악루豊樂樓에 남겼다. 풍악루란 당진군 면천면 옛 관아의 정문누각의 이름이다. 예전에 풍악루가 붕괴될 위험이 커서 한 번 철거된 적이 있었다. 그 후 풍악루는 철거 60년 만에 복원되었다. 복원된 풍악루 내부의 위쪽을 잘 살펴보면 나의 필적이 새겨져 있다.

한문으로 적힌 글씨들은 바로 목조 건물 건축 과정에서 최상부에 위치한 기둥을 올릴 때 사용하는 축문祝文이다. 한문으로 적힌 이 축문을 한글로 쓰면 다음과 같다.

풍악루

용 단군기원 4339년 병술년 양력 8월 11일 오시 자좌오
향 입주상량 성운 당진군수 비인간지오복 응천상인지
삼광 구

이를 해석하자면, 서기 2006년 병술년 양력 8월 11일 오전 열한 시부터 오후 한 시 사이에 당진군수가 북향을 등지고 정남향을 바라보는 방향으로 기둥을 세우고 마룻대를

풍악루 내부에 새겨진 나의 필적

올렸다는 뜻이다. 축문 말미에 적힌 '비인간지오복 응천상인지삼광'은 '하늘의 해님, 달님, 별님은 감응하시어 인간의 오복을 내려주소서'라는 뜻이다.

축문 제일 첫 부분과 뒷부분에는 각각 용 룡龍 자와 거북이 구龜가 쓰여 있다. 용이란 것이 용맹하고, 거북이라는 것은 오래 살기 때문에 각 동물을 뜻하는 한자가 축문의 처음과 끝에 쓰인다.

풍악루 재건을 축하하기 위하여 상량보에 축문을 쓸 사람으로 추천되어 내가 그 영광스러운 임무를 맡게 되었다. 아마 먼 훗날 나의 자손들이 고향을 방문했을 때 한 번씩 올려다보면서 이 할아버지를 기억하지 않을까 하는 생각이 든다.

종교를 갖는다는 것의 즐거움

원래 나의 종교는 유교였다. 심지어 나는 향교에서 전교를 지냈던 사람이다. 그런 내가 기독교로 개종하기까지 많은 우여곡절이 있었다. 사람이 늙으면 친구도 자꾸 없어지고, 알았던 것도 까먹고, 사람 구실을 제대로 잘 못하게 된다. 독실한 기독교 신자인 딸은 농촌에서 파묻혀 사는 엄마를 늘 안타까워했다.

그래서 딸의 권유와 함께, 배움에 열정이 있었던 나는 뭔가 새로운 것을 배울 수 있을까 하여 모세대학(온누리교회)에 입학하였다.

수업은 매주 수요일마다 진행되었는데, 대학교수를 비롯한 유명 강사들이 노인들에게 유익한 다양한 프로그램을 강의하였다. 그때는 당진에 살던 때라, 당진에서부터 서울까지 매주 장거리를 오가며 공부하였는데 향교의 전교인 사람이 멀리 당진에서부터 모세대학에 출석한다 하여 국민일보에 기사화된 적도 있다.

그렇게 2년 과정으로 자연스럽게 예배와 찬양을 드리며 기독교를 접하게 되었고, 성경 공부와 여가선용을 즐기다 보니 점차 기독교에도 관심을 가지게 되었다.

그러던 어느 날 교회의 담임 목사님이신 하용조 목사님께서 나를 보시더니 기도를 해주고 싶다고 하셨다. 그 말을 들은 주변 사람들이 모두 놀랐다. 몇 년을 다닌 교인들에게도 기도를 잘 해주시는 분이 아닌데 나를 처음 보시더니 갑자기 기도를 해주시겠다고 하셨으니 말이다. 기도를 받고 난 후 목사님께서 이런 말씀을 하셨다.

"베풀고 살지 못한 죄 많은 지난날을 뉘우치고 새롭게 살고 싶다는 생각을 하시죠?"

그 순간 정말 놀랐다. 평상시 항상 했던 생각인데 그것을 목사님께서 한 치도 틀림없이 짚어내신 것이다. 난 커

세례식 후

다란 감동을 받았고 그때부터 교회에 나가면서 마음을 열기 시작했다.

교회에 다니면서 참 좋아진 것들이 많다. 사람들과 교제도 하고 말씀도 읽으면서 변화된 삶을 살게 되었다. 물론 주변의 곱지 않은 시선도 많았다. 향교 사람들은 이런 나를 이해하기 힘들어하였다. 그럼에도 불구하고 나는 내 믿음을 키워나갔다.

인생에서 확고한 믿음을 갖는 것은 참으로 중요하다. 젊어서는 느끼지 못한 것이지만 늙으면 체력이 약해져서 마음도 결국 약해진다. 중심 잡기도 힘들고 헛된 생각도 많이 든다. 그래서 불안하고 우울해지기 쉽다.

그러나 신앙을 가지면 그 모든 것을 이길 수 있고 마음의 평안을 유지할 수 있다. 참 평안은 하나님으로부터 오기 때문이다. 나는 뒤늦게야 기독교에 입문하게 되었지만, 덕분에 영육 간에 강건함을 유지하고 있다.

노블카운티에 입주하고 나서는 보배로운교회의 신앙공동체 식구들이 계셔서 그분들 덕분에 안정된 신앙생활을 하게 되었다. 확고한 믿음을 가진다는 것, 그것은 참 중요하며 귀한 일이다.

그동안 나에게 사랑을 베풀어주신 여러 목사님들이 계신다. 온누리교회 하용조 목사님, 고향에 있는 대치교회 이상수 목사님께 많은 사랑을 받았다. 나의 아내 허정순 권사가 특별히 사랑했던 분이다.

지금은 보배로운교회의 유철배 목사님을 만나 많은 사랑을 받으며 매주 목사님의 은혜로운 말씀과 함께 신앙을 잘 키워가고 있다. 모든 목사님들께 감사할 뿐이다.

즐겁게 살자

요즘 내가 관심을 가지고 있는 것은 '웃음'이다. 나름 웃음에 대한 연구를 하며 많이 웃으려고 노력하고 있다.

특히 인생에 있어서 웃으면서 즐겁게 살아야 한다는 것을 강조하며 그 중요성을 더욱 느끼고 있다.

크게 10초 이상 한 번만 웃어도 이틀을 더 산다고 한다. 웃으면 특히 우리 몸을 건강하게 지켜주는 면역세포가 많이 증가되어 만병의 근원인 스트레스가 풀리고 감기도 잘 안 걸리며 우울증이나 심지어는 암도 치료가 된다고 한다.

나는 폐암을 이겨내기 위하여 의도적으로 즐겁게 살려고 노력하고 있다.

작년에는 젊은이들과 함께 사물놀이 공연을 하였다. 아

사물놀이 공연

리랑 가락에 맞춰 리듬을 타며 장구를 쳤다. 나이를 먹은 지라 조금 힘이 들기도 했으나, 공연을 하며 얻은 즐거움에 비하면 그 정도는 충분히 감내할 만하다.

현대인들은 잘 웃지 않는다고 한다. 특히 요즘 우리나라에는 웃을 일이 별로 없는 것 같다. 그렇다고 해서 항상 우울하게 지낼 수만은 없는 노릇이다.

스스로 즐겁게 활동할 수 있는 여러 가지 활동을 찾아서 하다 보면 엔도르핀이 솟을뿐더러 건강도 되찾을 수 있다. 나뿐만 아니라 우리 모두 웃으면서 즐겁게 살기를 바란다.

每事盡善

매사진선

제5장

나의 가족

매사진선, 군계일학

나는 다섯 남매(형석, 문석, 문자, 현자, 풍석)를 자식으로 두었다. 그들이 잘 자라서 지금 내게는 손자 손녀가 열, 증손이 일곱이다. 내 자식들과 자부, 손부, 사위들까지 모두 합하면 서른세 명이다. 실로 복 받은 삶이라 하지 않을 수 없다.

자식들을 키우면서 나는 '매사진선'과 '군계일학'을 가르쳤다. 성실과 신뢰로 작은 것에 충실하며, 귀하게 여기는 마음으로 항상 최선을 다하고, 직업을 가질 때는 귀천에 상관없이 그중에서 으뜸이 되라는 의미에서이다.

그러나 모든 것을 자기 욕심에 이끌려가다 보면 다른 사

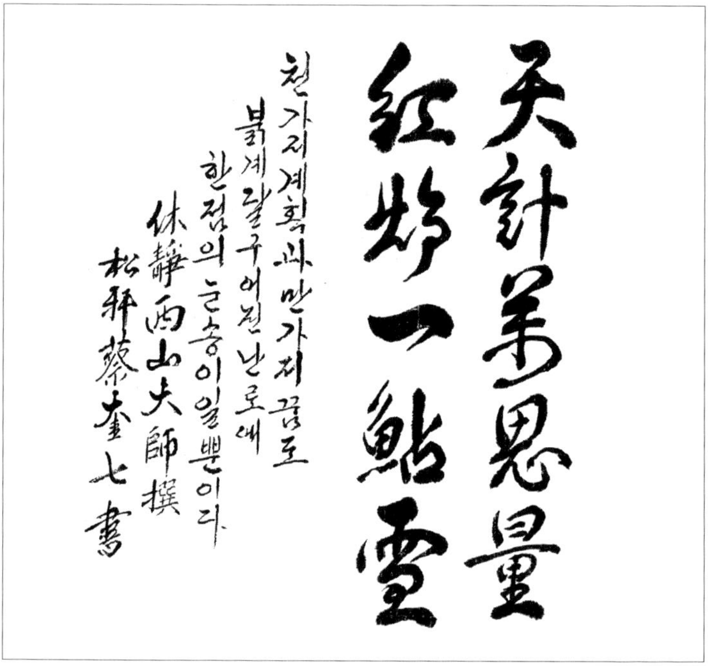

나의 교육관, 큰손자에게 써준 서산대사의 글

람과의 경쟁에서 이기려는 마음이 생겨 스스로를 파괴하게 되고, 그 경쟁심은 오히려 목적을 잃어버리게 만든다는 것이라는 점 또한 알려주었다.

그래서 상생하고자 하는 마음으로 최선을 다하다 보면 최고가 되어있을 것이며, 만약 최고가 못 된다 해도 최선을 다한 자기 자신에게 만족감을 느끼며 살라고 가르쳤다. 그러므로 먼저 그 마음을 배우고 소유하기를 늘 강조하며 권고하였다.

나의 아내

65년이라는 긴 세월의 고락을 함께했던 아내! 가난하고 불안한 시대에 태어나 젊은 시절 온갖 고생을 다 하였고 중년 이후엔 건강이 좋지 않아 힘들어하다가 80세를 넘기기는 했지만 아쉽게도 2년 전 먼저 하늘나라로 갔다.

아내에 대한 얘기를 하려니 새삼 그에 대한 그리움과 외로움에 가슴이 울적해진다. 생각할수록 아내는 너무나 귀한 사람이었다. 지혜로우며 총명한 사람이었고, 온유하며 온순한 사람이었다. 부모 공경, 형제 우애, 남편 내조, 자식 사랑, 교회 충성 등 모든 면에 부족함이 없는 사람이었다. 아내가 없는 지금 점점 더 귀한 사람이라는 걸 느끼게 된다.

나의 아내 허정순여사

그 옛날 아내는 학식이 높고 부유한 양반집 둘째 딸로 가정교육을 잘 받은 처자로서 내겐 과분한 배필이었다. 가난한 내게로 시집와서 어른을 잘 섬기며 형제 우애할 줄 아는 인품이 좋은 사람으로 이복형제들도 묵묵히 잘 돌보아준 온유하고 순전한 사람이다.

아내는 집안 살림도 잘했거니와 바느질 솜씨가 좋아 우

리 애들은 물론 시아버지 시동생들의 옷을 직접 만들어 입히기도 하였다. 그래서 주변 사람들의 칭찬과 인정을 많이 받았다. 그러나 생각해보면, 안타깝게도 아내는 자기 자신은 잃은 채, 오로지 시집 식구를 섬기고 다섯 명의 자식들과 남편만을 위하여 희생하며 살다 간 것 같다.

자식이라면 물불을 가리지 않는 사람, 옛날 전깃불도 없던 시절 자식을 위하여 캄캄한 새벽 깊은 산속을 뚫고 고개를 넘어야 하는 무서움을 이기며 고산리 교회까지 가서 기도하였고 때때로 새벽 눈길을 마다하지 않고 자식들을 위해 기도하는 모성애를 보이기도 하였다. 그 어려운 가난 속에서 다섯 남매를 키우면서 한 번도 애들한테 큰소리치는 것을 듣지 못했을 정도로 자식에 대한 애정이 대단했다.

늘 밖의 일로 바쁘게 돌아다니면, 아내는 집 안팎의 일을 모두 맡아 하였고, 많은 손님들이 집에 드나들어도 언제나 좋은 얼굴로 밥상을 차려내는 따뜻함이 있었다. 늘 힘이 부쳐 힘겨워했지만, 지친 상태에서도 무리를 하며 묵묵히 참고 일들을 다 감당했던 것이다. 많은 세월 동안 너무나 많은 고생만 하다가 가버린 사람이기에 돌아보면 미안한 마음뿐이다. 살아오면서 아내에게 한 번도 미안함이나

나와 허정순여사

고마운 마음을 표현하지 못한 것이 많이 아쉽고 마음에 걸린다.

나름 아내를 위하여 집안 살림을 편하게 해주고자 노력했다. 필요한 것들을 부족함 없이 더 편리한 것, 새로운 것들을 미리 알아 채워주려고 했었다. 중년 이후에는 아내를 옆에 태우고 다니며 서예를 배우게 했다. '녹전綠荃'이라는 호를 지어주며 서예에 취미를 붙이게 하여 함께 취미생활을 하였다.

허정순 작품

인일시지 분면백일지우

119.5×33cm 화선지에 먹

한때 분함을 참으면 백발 근심을 면하리라.

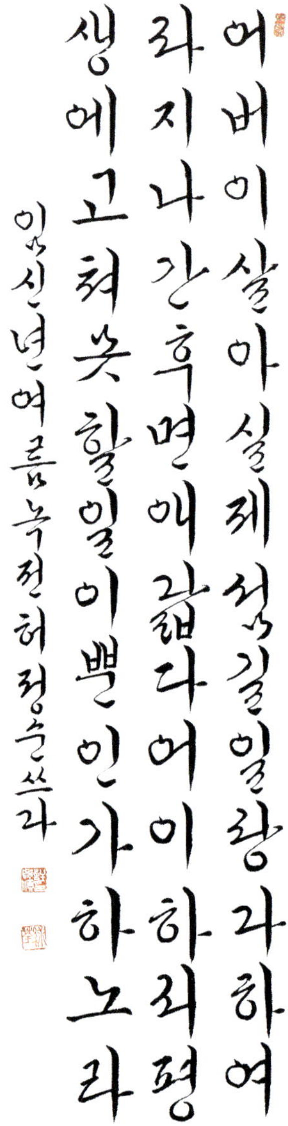

허정순 작품

122×31.5cm 화선지에 먹

노년에 노블카운티 실버타운에 들어와 사는 동안 아내는 아주 편안해 하며 좋아했었다. 본인이 하고 싶었던 영어공부, 하모니카 불기, 노래교실 등을 열심히 하며 취미생활을 즐겨 했었다.

어느 날 아내가 아침식사 후 속이 안 좋고 메슥거린다고 하여 병원에 간 것이 결국 검사 도중 심장이 멈추는 어이없는 일이 발생하였다.

어떻게 그럴 수가! 병원이란 곳이 도대체 무얼 하는 곳인가. 모두들 어쩔 줄 몰라 했다. 갑작스런 사별에 아내의 죽음을 인정할 수 없었다. 너무나 견디기가 힘들었다. 순식간에 한 줌의 재로 변해버린 아내를 선산에 묻고 돌아온 나는 참담함을 견딜 수가 없었다.

한동안 우울감에 시달리기도 했다. 갑작스럽게 아내를 잃고 나니, 그동안 아내에게 내 애틋한 마음을 한 번도 제대로 표현하지 못하고 서로 나누지 못한 것이 가장 후회가 되고 아쉬웠다.

10대에 결혼하여 80대 중반이 되기까지 늘 옆에서 함께하며 과할 정도로 나를 챙기고 돌봐주던 아내! 늘 남편이 먼저이고 자식이 먼저였던 아내이고 어머니였던 사람이었

허정순여사의 묘비

다. 한순간 허무하게 떠나버린 그의 빈자리는 시간이 갈수록 더 크게 느껴진다.

첫째 아들 형석

결혼 후 1년쯤 지나 첫째 아들을 낳았다. 아들에 대한 기쁨도 잠시 첫아이가 태어난 지 얼마 안 되어 군에 입대하게 되었고 장기간의 군 복무를 하게 되었다. 참으로 가난하고 복잡한 환경 속에서 어떤 면에서는 군대가 오히려 도피처가 되었는지도 모른다.

그러나 가장으로서 가족을 돌보지 못한 채 부모 집에 맡기고 군대 생활을 한다는 것은 참 편치 않았다.

군 입대로 아들을 돌보기는커녕 함께하는 시간도 별로 없었다. 더구나 산모인 아내가 제대로 먹지 못해서인지 병약했던 첫째는 출생 후 얼마 안 되어 사경을 헤매기도 했다. 군에서 휴가 나와 나약한 아들을 바라보며 나는 내 자

첫째 아들 채형석 가족

신한테 화가 나기도 했고, 마음은 늘 무거웠다.

더욱 마음이 아팠던 것은, 몸이 약한 첫째가 초등학교 때 체육 시간에도 운동장에 나가 뛰지 못한 채, 다른 아이들이 운동하는 것을 앉아서 구경만 해야 했던 것이다. 아비로서 그러한 자식의 모습을 지켜보기가 무척 힘들었다.

그래도 다행히 첫째는 병치레를 하면서도 잘 자라주었다. 온순하고 조용한 성격에 머리가 명석하여 학교에서 늘 우등생이었던 덕분에 아비로서 자부심을 갖게 해주었다.

그래서 내 아들만큼은 많이 가르치고, 또 배 안 굶기고 훌륭하게 잘 키워야겠다는 일념으로 온갖 일을 가리지 않고 열심히 일을 했다.

그러면서 맏아들에 대한 기대와 함께 애착이 유난히 컸던 것 같다. 마치 아들이 바로 나인 양, 그의 앞길을 내가 책임져야 한다고 생각했고, 내가 길을 터줘야 한다는 부담감이 있었다. 아마도 나의 깊은 무의식 속에서 첫째 형석은 여전히 유약한 아들로 남아있었던 것일지도 모른다. 그래서 지금 생각하면 나는 사랑이라 생각하고 아들에게 행했던 모든 것들이 오히려 아들에겐 큰 부담으로 작용했을지도 모른다는 생각에 미안한 마음이 든다.

순종적인 맏아들 형석은 아비의 말을 묵묵히 잘 따라주었다. 생각하면 아버지이기 때문에 무조건 따라오라 했던 것이 더 마음이 아프다.

그러나 첫째는 어디를 가든지 늘 신임을 받았다. 그래서 자신의 성격에 맞게 국가 공무원으로 일생을 바치게 되었고, 현직에 있는 동안 승진도 빨랐다. 그리고 정직하고 성실한 공무원으로서 공헌이 컸던지 대통령 표창도 여러 번 받았다. 또한 두 아들을 낳아 잘 키웠고 지금은 귀여운 손

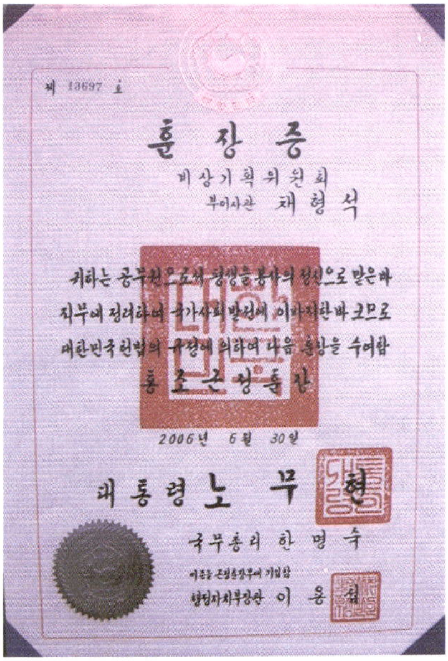

제 13697 호

훈 장 증

비상기획위원회
부이사관 채 형 석

귀하는 공무원으로서 평생을 봉사의 정신으로 맡은바
직무에 정려하며 국가사회 발전에 이바지한 바 크므로
대한민국 헌법의 규정에 의하여 다음 훈장을 수여함

홍 조 근 정 훈 장

2006년 6월 30일

대 통 령 노 무 현

국무총리 한 명 숙

이 증을 근정훈장부에 기입함
행정자치부장관 이 용 섭

채형석 훈장증

자들과 친구 하며 행복한 할아버지로 살고 있다.

가문을 이어갈 우리 손자들을 바라보면 참 흐뭇하고 자랑스럽다. 제 아비를 닮아서인지 손자들 역시 두뇌가 명석하고 성실하다. 큰손자 수용은 서울대학교 공학박사 학위를 받고 지금은 카이스트연구소에서 일하며 가정에도 충실한, 생각만 해도 듬직하고 흐뭇한 손자이다. 또한 작은

손자 수민 역시 잘 자라 의사가 되었고, 같은 의사인 아내를 만났다. 부부 의사로서 어려운 길을 가고 있지만 바라보는 할아비로서는 고마움과 뿌듯함을 느끼게 된다.

둘째 아들 문석

둘째 문석은 1950년 10월, 6·25 전쟁이 한창일 무렵 태어났다. 그래서 군인의 몸이었던 나는 두 아들을 자주 볼 수가 없었다. 어느 날 휴가 나와 둘째를 보니 얼마나 굶었다가 밥을 먹었는지 배가 맹꽁이배처럼 부풀어 있었다. 그 모습에 기가 막혀 눈물이 났다. 병원에 데려가려는데 입힐 옷이 없었다. 그래서 겨우 등거리 잠방이를 하나 사서 입히려니 배가 나와 잠기질 않았다. 사람의 생존 욕구 중 가장 기본이 먹는 것인데 아비로서 자식의 배가 곯는 것을 본다는 것은 곧 죽음이나 마찬가지일 것이다. 그래서 제대 후 나는 자식들을 먹이기 위해 닥치는 대로 온갖 일을 했다.

그래도 둘째는 어려서부터 첫째와 다르게 매우 활동적이

었다. 언제나 밖에 나가 노는 걸 좋아하였고 나가면 다치고 들어오기 일쑤였다.

학교에서도 마찬가지였다. 언젠가는 학교에서 소풍을 갔는데 높은 탑에 기어 올라갔다가 떨어지는 바람에 크게 다쳐 매우 놀랐던 기억이 난다. 더구나 당시 둘째 담임교사였던 친구에게서 "네 아들은 공부는 글렀으니 집에서 일이나 시켜라"라는 말을 들은 적이 있다. 선생이란 자가 어린아이한테 저런 말을 하나 해서 몹시 기분이 상했었다.

그렇게 늘 움직이고 뭔가 만드는 걸 좋아했던 둘째는 스스로 장난감을 만들어서 놀기도 하고, 또 부수고 고치고를 반복했다. 그래서 그 손에 들어가면 남아나는 것이 없었다.

공부엔 취미가 없고 놀기만 좋아하던 아들은 초등학교를 마치고 거의 다 들어가는 중학교 입학시험에도 불합격되어 20킬로미터 이상 떨어진 사립학교에 찾아가 교장선생님에게 사정하여 보결로 입학시켰다가 2학년에 다시 근교학교로 전학시켜야 했다.

늦게 철이 들었는지 중학교를 마치고 고등학교에 갈 무렵에는 일찍이 자기 적성을 따라 공고에 지원하여 높은 경쟁률을 뚫고 합격하였다. 고등학교에 가서는 성적도 우수

둘째 아들 채문석 가족

하고 운동도 잘하여 반장, 대대장까지 하며 자기 기량을 펼치는 것을 보았다. 애들은 언제 어떻게 변하고 성장하게 될지 모른다는 것을 알게 된다.

그 후 나름 자기 길을 스스로 잘 개척하여 체신부(지금의 KT)에 입사하여 그 당시 첨단 전기통신인 Micro Wave 시스템 운용과 장비 정비 등의 업무를 시작하면서 남보다 빨리 승진하였다. 수많은 업체들의 로비 유혹 속에서도 정도를 걸으면서 체신부 임원이 되어 충남본부장으로 발령되어 가던 날 우리 부부가 참 기뻐했던 생각이 난다. 성실하고 근면하게 살아가는 아들을 보며 든든함과 흐뭇함이 있었다. 재직 중에 회사에서 지원해주는 학자금으로 늦게 공학박사 학위까지 취득하는 것을 보며 더욱 자랑스럽기도 하였다.

그의 슬하에는 아들만 둘 있다. 두 아이 모두 잘 성장하여 행복한 가정을 꾸리며 잘 살고 있다. 이렇게 손자들이 어려운 경쟁 사회 속에서도 든든한 직장을 가지고 최선을 다하며 다복하게 살아가고 있는 모습들이 참 대견하고 흐뭇하다. 둘째도 이제는 첫째 아들 수동과 둘째 아들 수현에게서 각각 손자 둘과 손녀 하나를 보아 손주들의 재롱을 보는 할아버지가 되었다. 덕분에 나는 증손자들이 하나둘 늘어나면서 증손들의 재롱을 보는 즐거움을 갖게 되었다.

한 가지 안타까운 것은 작년에 아들이 며느리와 사별하게 되는 아픔을 겪게 되었다.

지금도 여전히 해외사업 등 일선에서 바쁘게 활동하며 살아가는데 갑자기 혼자가 되어 쓸쓸하게 지내는 것을 보면 참 속이 상하고 안쓰러울 뿐이다.

셋째 딸 문자

1953년 9월, 살벌했던 전쟁의 휴전 협정이 마무리되어 잔잔하던 시기에 세 번째로 딸 문자가 태어났다. 셋째가 태어난 지 백일이 지났을 무렵, 아내가 복막염으로 병원에 입원하는 바람에 아이가 엄마와 떨어져야 하는 일이 생겼다. 그래서 엄마가 아닌 다른 사람의 젖을 얻어 먹여야 했다. 그래도 한 달 이상을 잘 견디었고 다행히 주변 사람들의 도움으로 별 이상 없이 자라주었다.

사내아이들만 보다가 딸이 태어나 커가는 것을 보니 또 다른 신비와 즐거움이 있어 삶의 고달픔 속에서도 큰 활력소가 되기도 했다. 셋째는 예쁘게 잘 자라주어 데리고 나가면 주변 사람들의 부러움을 사기도 했다. 그래서 옛날에 셋

셋째 딸 채문자 가족

째를 데리고 자주 시장 등 나들이를 다녔던 기억이 난다.

다행히도 셋째가 초등학교에 입학할 무렵에는 내가 제대 후 분가하여 열심히 일한 결과 집안 형편이 좋아졌다. 그래서 셋째의 입학식 날 예쁜 옷을 사 입혀 학교를 보낼 수 있는 즐거움도 있었다. 아내 또한 바느질 솜씨를 자랑하며 딸의 옷을 만들어 입히곤 하였다. 부모로서 자식에게 필요한 것을 해줄 수 있을 때 얼마나 힘이 나는지 모른다.

살림의 여유가 좀 생긴 때여서인지 셋째와의 추억이 많

은 것 같다. 셋째가 초등학교 졸업식 날 학업우수상 전체 대표로 나가 수상하는 바람에 졸업식이 끝나고 술값이 많이 나가 곤욕을 치른 일이며, 중학교에 입학할 때 일부러 동대문시장까지 가서 당시 비싸다는 제일모직 천을 사다가 고급으로 교복을 만들어 입힌 기억 등 즐거웠던 일들이 떠오른다.

그때 나는 셋째를 위해 물질적으로는 뭔가를 해주려 했던 것 같다. 그러나 정작 아이가 원하고 뜻하는 것들을 채워주지 못하고 나의 생각대로 통제했던 것들이 많았던 게 아닌가 싶어 미안한 마음이 남아있다. 초등학교 시절에도 아이가 하고 싶어 하는 취미나 특기를 살려주기보다는 내 생각대로 아이의 진로를 정하며 무조건 따라오게 했던 것 같다. 그래서인지 셋째의 결혼식 날 여러 아쉬움과 서운함에 많이 울었다.

이제는 셋째도 어느덧 나이가 환갑이 넘었고 성실하고 헌신적인 남편 이동수와 예쁘고 효성스런 딸 경하 그리고 착하고 믿음직한 아들 주염을 두어 외손자와 손녀를 보며 행복에 젖어 살고 있다.

그동안 셋째는 늘 내 가까이에서 딸로서의 책임과 보살핌을 지극정성으로 다하였고 지금도 여전히 든든한 버팀목이 되고 있다. 그래서 고맙기도 하고 미안한 마음도 있다.

독실한 크리스천인 셋째는 90년대부터 러시아, 서유럽, 필리핀, 일본 등 여러 곳을 다니며 선교의 열정을 보였다. 유교였던 내가 뒤늦게나마 하나님을 아버지로 섬기게 된 것도 셋째의 공이 크다.

지금은 본인의 적성을 살려 심리적, 정서적으로 고통받는 사람을 치료하는 심리치료전문가로 바쁘게 활동하고 있다. 늦은 나이인데도 국제공인 자격증을 소지하고 전인적 심리치료를 하면서 보람된 삶을 살아가고 있다. 그래서 셋째의 주변에는 늘 사람이 많이 있는 것을 본다. 덕분에 나 역시 셋째로부터 정서적인 지지를 많이 받고 있다.

넷째 딸 현자

1960년, 넷째 현자가 태어날 때는 사회적으로도 그렇고 우리 집안도 정신적으로나 경제적으로 안정된 상태였다.

그런데 셋째를 낳고 아내가 복막염을 앓아 수술 후유증으로 6년 만에 넷째가 태어난 것이었다. 아내가 병약한 가운데 태어나서인지 넷째는 아주 작게 태어났고 그래서 늘 몸도 허약했던 것 같다. 또한 곧바로 밑으로 남동생이 태어나는 바람에 제대로 돌봄을 받지 못했을 거라고 여겨진다. 그 당시 아내 역시 건강이 좋지 않아 아이를 키우랴 집안과 밖의 일을 하랴 늘 힘에 겨워했기 때문이다. 그래서 넷째 딸 현자는 혼자서 컸다는 생각이 든다.

넷째는 어릴 때부터 차분하게 공부를 잘하여 '채현자'라

넷째 딸 채현자 가족

는 이름을 선생님들은 물론 전교생 모두가 알 정도였다. 나는 딸이 자랑스러워 가끔 지나는 길에 학교를 찾아가 딸의 모습을 지켜보기도 했다. 당시 나는 남산조합장을 하던 시절이었는데, 마침 조합이 학교와 가까워 조합에서 파는 예쁜 고무신을 가져다가 이걸 신길까, 저걸 신길까 하면서 직접 신겨보는 즐거움도 누렸다.

딸은 어려서부터 있는 듯 없는 듯 집 앞에 있는 꽃나무 앞에 의자를 갖다놓고 앉아 꽃잎만 바라보고 있거나 논 가운데 연못가에 혼자 앉아 잉어들이 노는 것을 종일 들여다 보며 노는 조용한 아이였다. 늘 쓸고 닦기를 좋아하는 아주 부지런하고 깔끔한 성격이였다. 그 애가 가는 곳에는 늘 깨끗하게 정리정돈이 잘되어 있었다. 엄마의 집안일도 제일 많이 거들어주는 딸이기도 했는데 물을 많이 쓴다고 혼을 내었던 기억이 난다.

딸은 잘 성장하여 조용한 성품대로 나름 독서를 즐기며 책을 가까이할 수 있는 서점을 수십 년 경영하며 열심히 살고 있다. 덕분에 딸로부터 신앙서적과 《명심보감》 등 여러 유익한 책들을 많이 선물 받기도 했다.

태어났을 때는 병약하여 근심도 했지만 성실한 남편 강명규를 만나 지금은 장성하여 출가시켜야 할 두 딸을 둔 엄마가 됐다. 외손녀들 역시 공부를 잘하여 큰딸 혜림은 미대를 졸업한 후 전공에 맞는 회사에서 근무하고 있으며 둘째딸 구슬은 외국어대학을 다닌 후 해외에서 근무하고 있다.

내가 낳은 여러 자식들을 돌아보니 참 성실하게 자라서 잘 살고 있어 자식들에게 참 고맙다는 생각을 더욱 하게 된다.

막내아들 풍석

1962년 4월, 다섯째 막내로 아들이 태어났다. 아들이기를 은근히 바라고 기대하던 차에 아들임을 확인하는 순간 기뻤다. 아들은 늘 우리 부부에게 기쁨이었다. 어려서부터 항상 밝은 얼굴로 솔선하여 집 안팎의 일들을 잘 도와주었고 어린애이지만 우리 부부의 마음을 챙기며 힘에 겨운 일도 마다하지 않는 갸륵함이 있었다. 아마도 그 당시 형들과 누이가 객지로 나간 상태라서 더 집안일에 대한 부담감과 책임감을 가졌는지도 모른다. 학교에서 돌아오면 늘 소 먹일 풀을 베며 소 먹이는 일도 다 맡아서 했다.

학교생활에서도 성적이 우수하고 봉사정신과 품행이 바르다는 선생님들의 칭찬이 자자했고 초, 중고 내내 반장으로서 학교 일도 도맡아 했다.

나는 아들의 성실성에 대해 한 번도 인정해주거나 칭찬의 말을 표현해준 기억이 없다. 그 어린애가 얼마나 아버지로부터 인정과 긍정의 말, 칭찬을 듣고 싶었을까 하는 생각을 하니 참 미안하고 마음이 씁쓸하다. 그 옛날 내가 어렸을 때, 아버지 말씀이면 무조건 묵묵히 순종하며 그 어려운 일을 그렇게 열심히 해도 한 번도 웃어주지 않았던 내 아버지의 모습이 떠오른다. 부전자전이라고 했던가. 내 아버지와 똑같은 모습으로 내 아이들을 대했다고 생각하니 더욱 씁쓸한 마음이 든다.

그럼에도 아들은 늘 웃음을 잃지 않고 밝고 긍정적인 마음에 남달리 친구도 많았고 인간관계가 좋았던 것 같다. 대학을 졸업하고 몇 년 안 되어 일찍이 '창영 에프에이'라는 회사를 설립하여 젊은 나이에 회사를 크게 성장시켰다. 1990년대 건설경기가 한창일 무렵 철근 굴착기 제조판매업을 해서 시기적으로도 잘 맞았던 것 같고 건설 현장에서의 그의 겸손과 성실성의 힘도 컸다. 내 아들이지만 사람을 대하는 기본 마음의 자세가 남다르다는 것을 종종 느끼기 때문이다.

막내아들 채풍석

수년 동안 회사가 잘 성장하였지만 IMF가 오면서 거액의 사기를 두 번이나 당하는 위기를 맞게 되면서 결국 2000년도에 부도가 났다.

그 후 아들은 방황하게 되었고 해외로 나가 수년간의 많은 고생 끝에 2005년 다행히 재기하는 축복을 받게 되었다. 탄자니아 현지인의 도움을 받아 'SD아프리카'라는 회사를 설립하여 아프리카 전 지역에 한국산 진단시약 의약품을 보급하는 일을 하고 있다. 탄자니아 정부의 신뢰와 인정을 받으며 탄자니아의 여러 개발 분야(의료산업, 전산 시스템 등)에서 한국과의 다리 역할을 하며 국익사업에 매우 중요한 일들을 담당하고 있다.

또한 재탄자니아 한인회장으로서 교민들을 섬기며 현지인들 구호활동에도 많은 에너지를 쏟고 있다. 현재 한국에서는 숭실대학교 이사로서 후학을 기르는 일에도 동참하며 나눔을 실천하는 삶을 살고 있다.

막내가 머나먼 아프리카 오지에서 고난의 시간들을 보내는 수년 동안 우리 부부는 참으로 마음이 많이 아프고 고통스러웠다. 그러나 지금은 그 아들이 무척 대견스럽고 바라보는 아비로서 흐뭇함과 기쁨을 느끼게 된다. 요즘 더 자주 해외를 오가며 늘 바쁘게 사는 막내를 보면 한편 걱정도 되고 안쓰럽기도 하다. 또한 그의 아내와 아들 준민, 딸 유민은 미국에서 공부하며 생활하고 있어 가족과 자주 못 만나는 것도 안타깝다. 그러나 참 자랑스러운 아들로서 막내의 앞날에 대한 더 큰 기대를 하게 된다.

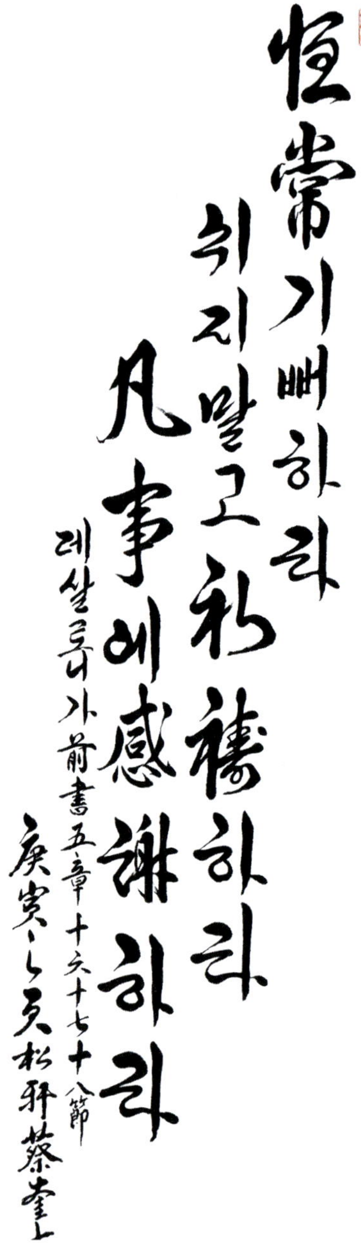

항상 기뻐하라
쉬지 말고 기도하라
범사에 감사하라

제6장

후대의 여러분에게

후대의 여러분에게

일찍이 공자는 기나긴 인생 여정의 끝 무렵에 이런 말을 남겼다고 한다.

"나는 나이 열다섯에 학문에 뜻을 두었고(오십유오이지우학吾十有五而志于學), 서른에 뜻이 확고하게 섰으며(삼십이립三十而立), 마흔에는 미혹되지 않았고(사십이불혹四十而不惑), 쉰에는 하늘의 명을 깨달았으며(오십이지천명五十而知天命), 예순에는 남의 말을 들으면 곧 그 이치를 깨달아 이해하게 되었고(육십이이순六十而耳順), 일흔이 되어서는 무엇이든 하고 싶은 대로 하여도 법도에 어긋나지 않았다(칠십이종심소욕불유구 七十而從心所欲不踰矩)."

구십여 년을 살아온 나이지만 공자에 비하기에는 평범

하고 보잘것없는 삶이기에 지천명知天命, 이순耳順 그리고 종심從心의 과정을 모두 깨달으며 지나왔다고는 감히 말하지 못하겠다. 그러나 돌아보면 내가 살아온 긴 세월은 내게도 몇 가지 깨달음을 주었다. 하여, 앞으로 살아갈 날들이 많은 젊은이들과 그 깨달음을 나누고자 한다. 늙은이의 잔소리일 수도 있겠으나, 그저 인생을 먼저 산 대선배의 조언쯤으로 여겨주었으면 한다.

인간세상백행중 일등근본효사친

연약하셨던 나의 어머니는 나에게 사랑만 주시다가 오십이라는 이른 나이에 떠나셨다. 나는 어머니의 사랑만 받다가, 결국 어머니께 하나도 보답해드리지 못하였다. 그렇기 때문에 어머니만 떠올리면 하늘이 무너질 듯 마음이 아프고 어머니에게 죄송스런 마음이 그지없다.

열일곱 어린 나이에 어머니와의 사별을 경험하였기에, 부모님이 살아계실 때 효를 실천하는 것이 얼마나 중요한지를 절실히 깨달았다. 그러나 요즘은 효의 문화가 퇴색되어 가고 있어 안타깝기만 하다. 부모에 대한 효는 인간의 기본 도리인데 말이다.

《명심보감》에 이런 말이 있다.

효도 (ⓒ 윤시온)

'효어친孝於親이면 자역효지子亦孝之하고, 신기불효身旣不孝면 자하효은子何孝焉하리오.'

내가 부모에게 효도하면 나중에 자식도 나에게 효도하고, 내가 부모에게 효도하지 않으면 나중에 내 자식이 어떻게 나에게 효도하겠냐는 뜻이다. 까마귀도 다 자라면 늙은 어미에게 먹이를 물어다 주는 '반포지효反哺之孝'를 행하는데, 하물며 인간이 늙은 부모를 어찌 방관할 수 있으리오.

뿌리 없는 나무가 존재할 수 없듯이 인간 역시 조상 없이 부모 없이 존재할 수 없다. '인간세상백행중 일등근본효사친人間世上百行中 一等根本孝事親', 인간 세상의 수많은 일 중 가장 근본이 되는 것은 부모에게 효를 행하는 일이라고 하였다. 나에게 생명을 주시고 사랑으로 길러주신 부모님에 대한 효란 인간으로서 가장 기초 덕목임을 알고 실천하여야 할 것이다.

매사진선

모두가 어려웠던 젊은 시절, 먹고살기에 바빴던 나는 꿈이라는 것을 꿀 여유가 없었다. 그래서 후손들만큼은 어린 시절부터 내가 꾸지 못했던 '꿈'이라는 것을 꾸면서 살았으면 한다. 지금은 내가 지나온 시절과는 많이 다르지 않은가. 이제는 하루 밥 먹고 살 것을 염려하지 않아도 되고 자신의 능력을 마음껏 펼칠 수 있는 사회가 열려 있다.

그러나 꿈을 펼치되 항상 일에 치이기보다는 조금 더 멀리 내다보며 사람답게 살아갈 수 있는, 삶을 즐길 수 있는 마음의 여유를 가지라고도 말해주고 싶다. 나의 손자 중 하나는 대한민국에서 내로라하는 대기업에 다니고 있었다. 남들이 부러워하는 직장을 다녔지만 손자는 자신만의 시간을 가질 수 없을 정도로 바빴고 가정에 충실할 수 없었다. 그때 나는 손자에게 이러한 생각을 들려주었고, 꼭 높은 연봉의 직장이 아니어도 원하는 꿈을 이룰 수 있는 참된 방향을 찾아보라고 충고하였다. 나의 말을 듣고 손자는 무엇인가 깨달았다고 한다. 그 길로 직장에서 나와 다른 연구소로 들어갔고 그 후 어느 때보다 행복하게 살고 있음을 느꼈다고 한다. 가족들과 보낼 수 있는 시간이 늘어나고 자기를 돌아볼 수 있는 여유가 생긴 것이다.

나는 내가 걸어온 그 길, 바쁘게 살아온 지난날을 결코 후회하지는 않는다. 다만 나는 내가 느껴보지 못하였던 여유를 느끼며 자식들은 삶을 좀 누리며 살았으면 하는 바람이다. 지금은 세상의 부와 명예가 중요하게 보일지 몰라도 지나고 보면 덧없는 것이다.

자식들을 키우며, 그리고 나 스스로도 '매사진선每事盡善'의 자세를 강조하며 살아왔다. 최선을 다해 살되 현재에 감사하고 만족할 줄 알며 현재를 누릴 줄 아는 사람이 되기를 바란다. 그리고 한 번밖에 없는 인생에 주어진 귀한 시간들과 사람을 귀히 여기며 상생의 가치관으로 살아가기를 바란다.

군계일학

지나온 나의 삶을 돌아보니, 참으로 많은 일들을 해왔다. 어려운 시기에 새마을 사업 등 지역 사회 발전에 젊음을 바치며 유도회지부장, 농업협동조합장, 문화유적보존회 회장, 광역권사업추진위원장, 당진군 농협 이사, 축산협회감사, 향교의 전교를 맡기도 하는 등 다양한 분야에서 활동해왔다. 보통의 사람들은 한 분야에만 깊게 속해 있기 마련인데 나는 이것저것 많은 활동을 하면서 살아온 것이다. 많은 세월 동안 살아온 발자취를 돌아보니 아쉬움도 있지만 뿌듯하기도 하다.

인생을 살면서 항상 좋은 일, 멋있는 일만 골라서 할 수는 없다. 그럴 필요도 없다. 그러나 어디를 가든 그 분야의 최고가 되라고 말하고 싶다. 밭을 갈아도 좋고 슈퍼에서 물건을 팔아도 좋다. 아무리 하찮고 보잘것없어 보이는 일일지라도 그 분야에서는 최고의 위치에 올라보는 것이 중요하다고 생각한다. 군계일학群鷄一鶴이 되는 것, 이것이 내가 일생을 살아오면서 가졌던 모토다.

소문만복래

예전에 나는 암으로 수술을 받은 적이 있다. 몸이 매우 좋지 않아 병원을 찾았는데 장암 진단을 받았기 때문이다. 수술을 했음에도 불구하고, 얼마 후 암세포가 양쪽 폐로 전이되어서 양쪽 폐에도 밤톨만 한 암세포가 생겼다. 병원에서는 다시 수술을 권유했고 나는 거부했다. 그러자 이번에는 방사선 치료를 권유하였고 그렇게 나는 방사선 치료를 받게 되었다.

치료는 힘들었다. 밥맛도 없어졌다. 그러는 와중에 스스로 병을 이겨내야겠다는 마음이 생겨 《암 치유 백과사전》이라는 책을 구입하였다. 책을 보니 암이라는 병은 의사보다 본인이 고쳐야 한다고 쓰여 있었다. 암을 고치는 것은 환자의 의지에 달려있다는 말이었다. 암이 싫어하는 음식을 자주 먹고, 유산소 운동을 하며 마음을 즐겁게 하여야 한다고 했다.

맞는 말인 것 같았다. 방사능 치료를 받으며 밥을 제대로 못 먹어서 아프나 병으로 아프나, 아프기는 마찬가지라는 생각도 들었다. 그래서 병원에 가지 않고 집에서 건강을 챙기기로 했다. 웃음 치료사를 통해 웃는 것을 연습하기도 했다. 그렇게 암을 극복해나가기 시작했다. 그러는 동안, 세상에서 웃는 것이 최고의 치료제이고 보약이라는 걸 알게 되었다.

남이 웃는 것을 보면 나도 기분이 좋고, 나 자신이 웃는 것도 나를 편하게 만든다. 웃음으로 병이 치유되고 있다는 걸 느끼며, 웃으며 사는 것이 얼마나 중요한지를 깨달았다.

소문만복래笑門萬福來. 웃는 집 대문으로 복이 들어온다고 했다. 웃음이 있어서 행복한 삶, 웃음과 함께하는 삶, 이것이 진정한 삶의 의미가 아닐까.

마지막으로

이제 내 나이 구십을 바라보게 되었다. 긴 세월을 살면서 다섯 남매 자자손손의 효도 속에 행복하게 후회 없이 잘 살아온 것이 너무나 감사할 뿐이다. 물론 아내의 내조가 컸지만 아들딸 며느리 손자들의 효심이 지극하였고 나 자신이 탐욕을 버리고 욕심 없이 산 덕이 아닌가 생각한다.

이제 내게 남은 욕심이 있다면, 서른셋의 내 후손들이 더도 덜도 말고 나의 가르침대로만 살았으면 좋겠다는 것이다. 그리고 우리 가문이 '충효전가忠孝傳家(충과 효를 전하는 집)'가 되어 주위 사람들로부터 칭송받기를 희망한다. '인재명호재피人才名虎在皮'라 하였거늘, 이 세상에 태어났다가 이름 석 자 길이 남겨놓고 타의 모범이 되는 가정을 영위하면서 살아갔으면 한다.

이 글을 마지막으로 3대에 걸친 서른세 명의 가족들에게 다시 한 번 고맙다는 말을 전하고 싶다.

너희들이 나의 구십 평생을 이렇게 잘 살아오도록 이끌어준 원동력이었다. 내 한평생을 살아오는 동안 너희들은 나에게 많은 기쁨을 주었고 그로 인해 참 행복했다는 말을 전하고 싶다.

사랑하는 내 자손들아.

고맙다! 사랑한다! 건강하거라!

항상 기뻐하라. 쉬지 말고 기도하라. 범사에 감사하라.

데살로니가전서 5장 16–18절

부록

자서전 참여후기

(왼쪽부터) 정현영, 최민주, 채종욱, 윤시온 학생과 한송이 교수

저자 채규칠 인사말

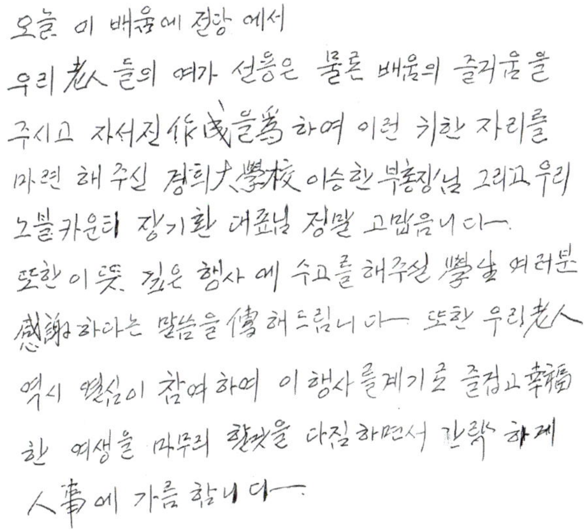

오늘 이 배움에 전당 에서
우리 老人 들의 여가 선용은 물론 배움의 즐거움을
주시고 자서전 作成을 爲 하여 이런 귀한 자리를
마련 해 주신 경희大學校 이승한 부총장님 그리고 우리
노블카운티 장기환 대표님 정말 고맙습니다—
또한 이 뜻 깊은 행사 에 수고를 해주신 學生 여러분
感謝 하다는 말씀을 傳 해 드립니다— 또한 우리 老人
역시 열심이 참여 하여 이 행사를 계기로 즐겁고 幸福
한 여생을 마무리 할것을 다짐 하면서 간략 하게
人事에 가름 합니다—

오늘 이 배움의 전당에서 우리 노인들의 여가 선용은 물론 배움의 즐거움을 주시고 자서전 작성을 위하여 자리를 마련해주신 경희대학교 이승한 부총장님, 노블카운티 정기환 대표님 정말 고맙습니다. 또한 이 뜻깊은 행사에 수고를 해주실 학생 여러분 감사하다는 말씀 전해드립니다. 또한 우리 노인 역시 열심히 참여하여 이 행사를 계기로 즐겁고 행복한 여생을 마무리할 것을 다짐하면서 간략하게 인사로 갈음합니다.

특별하지 않은 인생은 없다

채종욱(경희대 기계공학과 11학번)

'인생은 아름다워, 함께 쓰는 자서전' 사업에 참여한 것은 내게 있어 정말 값진 경험이었다. 내가 공부하는 학문에 대한 글쓰기가 아닌 누군가의 인생을 글로 표현하는 것은 특별한 기회였기 때문이다. 채규칠 할아버지를 만나 사진과 이야기로 할아버지의 삶을 마주했을 때 느꼈던 미묘한 설렘은 잊지 못할 것 같다. 어디에서도 듣고 본 적 없는 할아버지의 삶은 나를 자극했다.

이렇게 내게는 너무나 특별해 보이는 할아버지의 이야기를 할아버지는 별게 아니라는 식으로 말씀하신 적이 있다. 그땐 좀 놀랐는데 지금 생각해보면 우리가 못 해본 걸 하셨기 때문에 특별하게 느꼈던 거라고 생각한다. 우리도 최선을 다해 산다면, 나중에 돌아볼 때 분명 특별한 인생이 되어있을 거라는 생각이 든다. 이번 기회를 통해 할아버지의 인생뿐 아니라 나 자신의 인생도 아름답다는 걸 깨달았다. 그 누구의 인생도 하찮고 사소하지 않다. 자서전 작업에 참여하면서 특별하지 않은 인생은 없다는 걸 배웠다.

사실 한 권의 책을 완성하는 작업에 참여한다는 건 겁도 났고 부담도 컸다. 지금껏 수학 계산밖에 안 해봤던 내겐 아주 신선한 경험이었다. 그래도 어느덧 구십 해 가까운 인생을 책으로 옮기고 소감문을 쓰고 있다는 게 많이 뿌듯하다. 자서전 쓰기는 할아버지의 마지막 삶의 목표였는데 책이 완성된 후 마지막 페이지를 넘기시는 할아버지의 표정과 그때 내가 느낄 감동이 벌써부터 기대된다. 함께했던 우리 조원들에게 박수를 보내고 싶다.

6개월간의 값진 대장정과 그 끝

정현영(경희대 글로벌커뮤니케이션학부 13학번)

2014년 6월, 나는 막연한 기대감과 걱정으로 부푼 마음을 안고 자서전 제작 활동에 참여했다. 그리고 마침내 그 대단원의 막을 맞이하게 되었다. 몇 개월 동안의 대장정 끝에 우리는 채규칠 어르신의 자서전을 완성하였다. 긴 여정이었지만 자서전을 완성하기까지 우리 팀을 포함하여 도움을 주신 분들이 많아서 활동을 수월하게 마무리할 수 있었다. 먼저 자서전 제작에 큰 도움을 주신 채규칠 어르신을 포함하여 어르신의 가족 분들 그리고 경희대학교 한송이 교수님께 감사의 인사를 드린다.

누군가의 인생에 귀 기울이는 것은 곧 나의 인생에도 귀 기울이는 것이다. 채규칠 어르신의 인생을 눈으로 보고, 귀로 듣고, 글로 정리하는 과정에서 나는 내 자신을 깊숙이 들여다보는 시간을 가질 수 있었다. 나의 과거를 되돌아보고, 현재를 성찰하며, 자랑스러운 미래를 그려보는 소중한 시간이었다. 참여 기간 동안 누군가의 인생을 꾸준히 기록하면서 내가 그동안 걸어온 길들을 차근차근 되짚어볼 수 있었다. 그리고 앞으로 훗날 내 자신에게 떳떳한 내가 되자고 다짐한 적이 수도 없이 많다. 정말 값진 시간이었다.

채규칠 어르신께서는 우리에게 "고마워"도 아닌 "감사하다"라는 말씀을 자주 하셨다. 나는 처음에 적잖은 충격을 느끼지 않을 수 없었다. 어르신께서는 나이가 어린 우리들에게 연장자가 연소자를 진심으로 존중하는 모습이 어떤 것인지 보여주셨기 때문이다. 나는 어르신의 그러한 겸손을 항상 눈으로 보고 마음으로 느낄 수 있었다. 그리고 어르신을 진심으로 존경하게 되었다.

고백하기 부끄럽지만 사실 나는 채규칠 어르신의 인생을 향하여 가진 호기심만큼 이때까지 내 부모님의 인생에 그렇게 많은 호기심을 쏟아부은 적이 없다. 그래서인지 나는 어르신의 자서전을 완성해서 기쁘기도 하지만 한편으로는 부모님께도 정말 죄송스럽다. 그러나 당신들의 딸이 누군가의 자서전을 완성하는 과정을 통하여 스스로 무수히 많은 것들을 배우고 성장할 수 있었음에 기뻐하셨으면 한다. 끝으로, 딸의 자서전 제작 활동에 격려와 응원의 말씀을 해주신 우리 부모님께도 깊은 사랑과 감사의 인사를 드린다.

인연

윤시온(경희대 의류디자인학과 14학번)

누군가의 인생을 듣는다는 것은 쉽지 않은 일이다. 한 사람을 만나게 되는 것은 곧 그 사람의 인생에 다가서는 것이기 때문이다. 그만큼 부담이 되고 중요한 일이지만 또 그렇기 때문에 설레고 감사한 일이기도 하다. 나의 이야기를 쓰는 것도 좋지만 누군가의 삶을 듣고 그것을 써내려가는 것 또한 충분히 가치 있고 유익한 시간이라고 생각했다. 그렇게 해서 자서전 제작 활동을 시작하게 되었고 이것을 통해 소중한 추억과 깨달음을 얻을 수 있었다.

할아버지의 말씀을 듣다 보면 느끼는 것이 많았다. 매 순간순간 나에게 던져주시는 말씀들은 한 문장에 지나지 않았지만 그것들이 나에게 끼친 영향은 한 권의 책이 주는 감동보다 더 컸다. 할아버지께서는 내게 항상 무슨 일을 하든지 그 자리에서 최고가 되라고 하셨다. 우리 이전의 세대에서는 먹고사는 것이 가장 중요한 일이었지만 지금 내가 서 있는 이 시대에는 더 이상 물질적인 소득이 우선이 되어서는 안 된다고 하셨다.

미술을 하는 나의 전공을 칭찬해주시며 내가 추구하는 것을 이룸으로써 정신적인 풍요로움을 즐기기를 원하셨다. 할아버지께서 구십 평생 느끼시고 얻게 되신 지혜들을 내게 말씀해주신 덕분에 불안하고 희미해 보였던 나의 꿈을 계속해서 밀고 나갈 수 있게 되었다.

어떻게 보면 일 년 365일 하루하루가 하나밖에 없는 소중한 시간들인데 이 순간들을 소중히 여기지 못하고 흘려

보내는 것만큼 안타까운 것은 없을 것이다. 할아버지의 말씀을 들으면서 나 또한 순간순간을 소중히 여기겠다고 다짐했다. 조금 더 자주 찾아뵙고 할아버지의 말씀을 들었더라면 좋았을 거라는 아쉬움도 남는다. 자서전 제작 활동이 끝이 났다고 하여 할아버지와의 인연도 끝이 났다고 생각하지 않는다. 좋은 활동 덕분에 이어진 인연의 끝을 흘려보내고 싶지 않다. 앞으로도 할아버지와의 만남을 통해 더 많은 지혜와 교훈을 얻고 싶다.

할아버지의 파란만장한 인생을 다 담기에는 한 권의 책이 부족하다. 그만큼 할아버지의 인생에는 글로 표현할 수 없는 아름다운 감정들과 순간들이 가득 차 있다고 생각한다. 그것을 나와 팀원들이 글에 담는 것은 작은 활동에 불과하지만 끝까지 최선을 다해 열심히 노력해준 팀원들의 노력 덕에 할아버지의 교훈을 책 속에 펼칠 수 있었던 것 같아 팀원들에게 감사하다.

옷깃만 스쳐도 인연이라고들 한다. 길진 않지만 그렇다고 짧지도 않은 20년의 삶을 살아오면서 무수히 많은 인연들이 스쳐 지나갔다. 자서전 제작 활동을 하면서 내 삶에 득이 되는 교훈도 얻었지만 무엇보다 소중한 인연들을 만나게 되어 감사하다. 이 활동을 통해 많은 감동과 깨달음을 안고 간다.

돌이켜보면 어느 무엇 하나 소중하지 않은 것이 없다

최민주(경희대 일본어학과 14학번)

대학생이 되기 전에 대학생이 되면 하고 싶은 일들을 적었던 것 중에 적어도 한 번쯤은 나를 위한 일이 아닌 타인을 위한 일을 해보자고 했다. 우연히 제2기숙사 홈페이지에서 '인생은 아름다워, 함께 쓰는 자서전'이라는 이름으로 할머니, 할아버지의 자서전을 쓰는 활동이 있다는 것을 알게 되었고 처음에는 잘할 수 있을까 하는 걱정 때문에 지원을 망설였다. 그러나 할아버지, 할머니의 이야기를 듣고 내 손으로 타인의 자서전을 쓴다는 것이 큰 보람과 뿌듯함을 느낄 수 있고 어르신께 배울 점이 많을 것 같다는 생각에 지원을 했고, 그렇게 채규칠 할아버지와 만나게 되었다.

할아버지의 이야기를 들으면서 나도 함께 내 어린 시절, 초등학교, 중학교, 고등학교 때의 모습을 되돌아보게 되었고 지금 내 모습을 다시 한 번 바라보게 되었다. 그러면서 깨닫게 된 것이 그 당시에는 힘들었다고 불평도 하고 좋은 기억이 아닐 것이라고 생각했던 일들도 지금 생각해보면 다 추억으로 남아있고 어느 것 하나 소중하지 않은 것이 없다는 점이었다. 그리고 할아버지의 이야기를 들으면서 배울 수 있을 때 열심히 배우고 내가 맡은 분야에서만큼은 그 누구에게도 뒤지지 않는 일인자가 되어야겠다고 다짐하게 되었다. 그리고 "인사라는 것은 말 그대로 사람이 하는 일이다"라는 할아버지의 말씀이 가장 인상 깊게 남았다.

그 어려운 시대에서도 지금까지 예절을 중요하게 생각하시며 모든 일에 열심을 다해 살아오신 할아버지의 모습을 제삼자의 입장에서 정리한다는 것은 크나큰 영광임과 동시에 부담이 되는 일이기도 했다. 그러나 혼자서는 할 수 없는 일을 든든한 현영 언니, 종욱 오빠, 시온이와 함께 함으로써 지금까지 잘 올 수 있었다고 생각한다.

할아버지의 말씀을 들으면서 내가 알 수 없었던 그 시대의 이야기도 들을 수 있었다. 또한 할아버지를 뵈러 갈 때마다 대인관계에 있어서 빼놓을 수 없는 인사와 웃음에 대해, 그리고 효와 학업에 대한 말씀 등 늘 좋은 말씀을 해주시던 할아버지 덕분에 내 첫 대학생활의 방향도 흔들리지 않게 잘 잡을 수 있었다.

처음에는 설렘 반 걱정 반으로 시작했던 자서전 제작 활동이 점점 결실을 맺으면서 뿌듯함도 느꼈고 할아버지에 대한 존경심, 팀원들을 향한 고마움과 미안함 등 많은 감정들을 느꼈다. 이 활동은 내가 대학교 1학년 때 했던 것 중에 절대로 잊을 수 없는 가장 의미 있는 활동으로 기억에 남을 것이다.

당진개인사박물관 전경

당진개인사박물관 내부

당진개인사박물관 서예품 전시

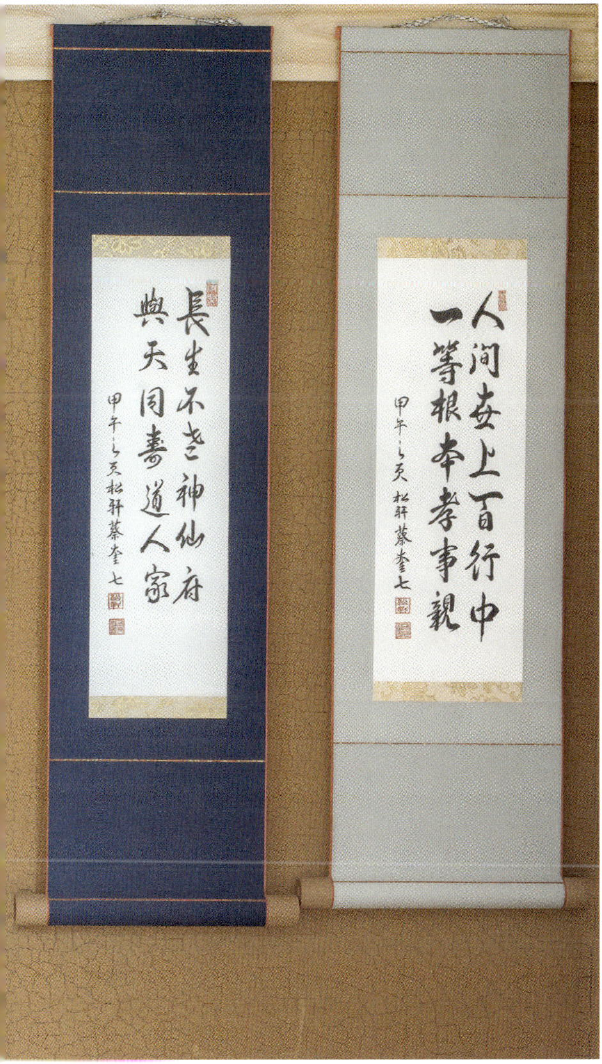
長生不老神仙府
與天同壽道人家
一等根本孝事親

풍물놀이에 사용된 장구

1960년대 아내가 쓰던 재봉틀

낙관(落款)

농업협동조합장 시절

면천농협장 시절

면천 향교 전교 시절

서예전시회 축사

막내아들 채풍석의 화환

서예전시회에 참석한 가족

노블카운티 정기환 대표(우), 이상훈 과장(좌)

노블카운티에서의 생일잔치

2015년 노블카운티 사랑나눔 걷기대회 행사

2015년 노블카운티 사랑나눔 걷기대회 행사 풍물패 공연

충남 당진 면천리 집

허정순여사와 함께

회갑연 가족사진

허정순여사

당진개인사박물관 앞에서 손자와 함께

허정순여사와 셋째 딸 문자